Tabla de contenido

Parte 2
Escribir, escuchar, hablar y observar

Nombre _____

1 ¿Qué es una oración?

| Es una oración. | Los fósiles son animales antiguos. |
| No es una oración. | Los fósiles animales antiguos. |

Para cada par, escribe el grupo de palabras que
es una oración.

1. Los dinosaurios vivieron hace millones de años.
   Animales grandes deambulando por la tierra.

   _____

2. Algunos dinosaurios medían más de siete metros de largo.
   Cuerpos muy pesados de alrededor de ochenta toneladas cada uno.

   _____

3. Con pezuñas como las de los elefantes.
   Los lagartos de hoy día se parecen un poco a los dinosaurios.

   _____

4. Comida a base de carne y huevos todo el tiempo.
   Algunos dinosaurios comían vegetales.

   _____

5. Los dinosaurios tenían cuatro patas.
   Las patas traseras para caminar algunas veces.

   _____

6. El esqueleto de una mano de sólo dos dedos.
   Las personas ven los esqueletos de los dinosaurios en los museos.

   _____

7. Los científicos investigan sobre los dinosaurios en las excavaciones.
   Llamadas excavaciones paleontológicas.

   _____

8. Museos famosos de dinosaurios.
   En 1990, se encontró el esqueleto de un tiranosauro casi completo.

   _____

(continúa)

Grado 4: Unidad 1   La oración   *(para usarse con las páginas 32 y 33 del libro del
estudiante)*
Destreza: Los estudiantes identificarán oraciones.

Nombre _____

1 ¿Qué es una oración? *(continuación)*

Desafío

Fíjate en cada dibujo y lee la descripción de los animales imaginarios. Inventa un nombre para el animal y escríbelo debajo de la descripción.

1. tiene plumas azules y pies palmeados

_____

3. un pez que canta y cuenta chistes

_____

2. puede hacer muchas cosas a la vez

_____

¡ACHÚ!

4. una cosa peluda que estornuda

_____

Ahora escribe una oración sobre cada animal. Usa el nombre del animal y su descripción para escribir una oración completa.

1. _____

2. _____

3. _____

4. _____

Escribir: Un diario ————————————————— DESCRIBIR

  Has descubierto un animal muy antiguo. Escribe por lo menos cinco oraciones que describan el aspecto del animal, dónde vive y qué come. Asegúrate de escribir oraciones completas.

Nombre _____

Cómo escribir buenas oraciones

Oración completa	Jonathan Swift escribía novelas.
Oración incompleta	Para adultos.
Oraciones combinadas	Jonathan Swift escribía novelas para adultos.
Dos oraciones incompletas	Una de sus novelas más famosas trataba. De las aventuras de Gulliver.
Oraciones combinadas	Una de sus novelas más famosas trataba de las aventuras de Gulliver.

Escribir oraciones completas 1 a 5. Vuelve a escribir el siguiente párrafo tomado de un ensayo. Para corregir las oraciones incompletas, combínalas o únelas a una oración completa.

Revisa

Gulliver es el personaje principal. De la célebre novela del escritor irlandés Jonathan Swift. Se considera un clásico infantil a pesar de que fue escrita para adultos. En el siglo dieciocho. Gulliver es un médico que naufraga y que llega a un país imaginario llamado Lilliput. Habitado sólo por hombres pequeños. En otro viaje. Un país sólo de gigantes. Después viaja a una isla voladora y finalmente conoce a unos caballos que son mucho más inteligentes que los humanos.

_____
_____
_____
_____
_____
_____
_____
_____

(continúa)

Grado 4: Unidad 1 La oración *(para usarse con las páginas 34 y 35 del libro del estudiante)*
Destreza: Los estudiantes escribirán oraciones completas combinando oraciones completas con fragmentos de oración.

CUADERNO DE PRÁCTICA 3

Nombre _____

Cómo escribir buenas oraciones (continuación)

Significado confuso	Los nueve planetas orbitan el Sol. Siguiendo una trayectoria elíptica. También giran sobre sus propios ejes.
Oraciones completas	Los nueve planetas orbitan el Sol siguiendo una trayectoria elíptica. También giran sobre sus propios ejes.

Escribir oraciones completas 6 a 10. Vuelve a escribir este párrafo de un libro de ciencias. Para corregir cada oración incompleta, únela a una oración completa o a otra oración incompleta.

Revisa

La Tierra es un planeta. Y no una estrella. Los planetas se diferencian de las estrellas porque no pueden producir ni luz propia ni calor. La Tierra recibe la energía que necesita. Del Sol. Otros planetas brillan en el cielo durante la noche. Porque también reflejan la luz solar. La rotación, es decir el movimiento de girar sobre un eje, es otra característica de los planetas. La Tierra completa una rotación. Cada veinticuatro horas. Los planetas también se diferencian de las estrellas porque viajan, o dan vueltas, alrededor del Sol. La Tierra hace un recorrido completo alrededor del Sol. En un año.

_____

_____

_____

_____

_____

_____

_____

_____

_____

_____

Grado 4: Unidad 1   La oración   *(para usarse con las páginas 34 y 35 del libro del estudiante)*

Destreza: Los estudiantes escribirán oraciones completas combinando oraciones completas con fragmentos de oración.

Nombre _____

2 Declaraciones y preguntas

Declaraciones	Preguntas
Nosotros comeremos un guiso de pollo.	¿Comeremos guiso de pollo?
Nosotros tenemos todos los ingredientes necesarios.	¿Tenemos todos los ingredientes necesarios?

A Escribe los signos de puntuación correctos para cada oración. Escribe *D* si la oración es una declaración y *P* si es una pregunta.

1. ____Has ayudado alguna vez a tu mamá a cocinar estofado____   _____

2. ____Me gusta ayudar a mi tío a cocinar ____   _____

3. ____Echamos zanahorias, frijoles, carne y papas en una olla____   _____

4. ____Te dije ya que debíamos añadirle agua____   _____

5. ____Luego, dejamos que el estofado se cocine lentamente por varias horas____   _____

6. ____Está la olla bien tapada ___   _____

B 7 a 15. En esta carta faltan tres letras mayúsculas y seis signos de puntuación. Usa las marcas de corrección para corregirla.

Ejemplo: ¿Es el pastel de limón fácil de preparar?

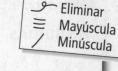

Marcas de corrección
¶   Sangrar/Indicar párrafo
∧   Añadir
⌐   Eliminar
≡   Mayúscula
/   Minúscula

Corrige

Querida Elena:

como sabes, hace algunas semanas me mudé a mi nueva

casa. he decidido invitar a unos amigos a cenar para que la conozcan

Necesito que me ayudes.   Cómo preparo el pescado?   Qué ingredientes necesito

Creo que tú tenías una receta muy buena ¿Me la podrías dar

por supuesto que tú también quedas invitada. Te espero el día 30 de

marzo en mi casa.

Tu amiga de siempre,

Juana

(continúa)

Grado 4: Unidad 1   La oración   *(para usarse con las páginas 36 y 37 del libro del estudiante)*

Destreza: Los estudiantes identificarán y le pondrán signos de puntuación a las declaraciones y preguntas.

CUADERNO DE PRÁCTICA   **5**

Nombre _____

2 Declaraciones y preguntas *(continuación)*

Desafío

Une cada adivinanza con su respuesta correcta. Agrega los signos de puntuación correspondientes.

PREGUNTAS	DECLARACIONES
1. _____En qué se convierte una papa que se baña en aceite caliente _____	El durazno es duro como un asno_____
2. _____Cuál es la verdura que es varias veces pollo_____	En papa frita _____
3. _____Qué fruta es dura como un asno _____	Es el repollo _____
4. _____Cómo se llaman las papas aplastadas _____	Se llaman puré de papas _____
5. _____Cómo se llama una uva arrugada _____	La uva arrugada se llama pasa_____
6. _____Cuál es el fruto que toma té _____	Es el tomate _____

Ahora inventa tres adivinanzas usando preguntas y declaraciones.

PREGUNTAS	DECLARACIONES
_____	_____
_____	_____
_____	_____

Escribir: **Una exclamación** ———————————————————

    Imagina que vas a contratar un cocinero para que prepare una cena especial en tu casa. Escribe tres preguntas que le harías. Escribe tres declaraciones describiéndole tus platos favoritos.

Grado 4: Unidad 1 La oración *(para usarse con las páginas 36 y 37 del libro del estudiante)*

Destreza: Los estudiantes pondrán signos de puntuación y escribirán declaraciones y preguntas.

Nombre _____

3 Mandatos y exclamaciones

Mandatos	Exclamaciones
Compórtate.	¡Qué importante es ser cortés!
Escucha con atención.	¡Qué buen estudiante eres!

A Escribe los signos de puntuación que faltan. Escribe *mandato* o *exclamación* para cada oración.

1. ____Qué importante es tener buenos modales ____ _____

2. ____Da siempre las gracias a quien te ayude ____ _____

3. ____Di siempre *por favor*, cuando pidas algo ____ _____

4. ____Cede el asiento a las personas mayores ____ _____

5. ____No interrumpas cuando alguien esté hablando ____ _____

6. ____Es tan desagradable hablar con la boca llena ____ _____

B 7 a 15. Al letrero de Ana le hacen falta tres letras mayúsculas y seis signos de puntuación. Usa las marcas de corrección para corregir el letrero.

Ejemplo: ¡Es mala educación colgar el teléfono sin despedirse!

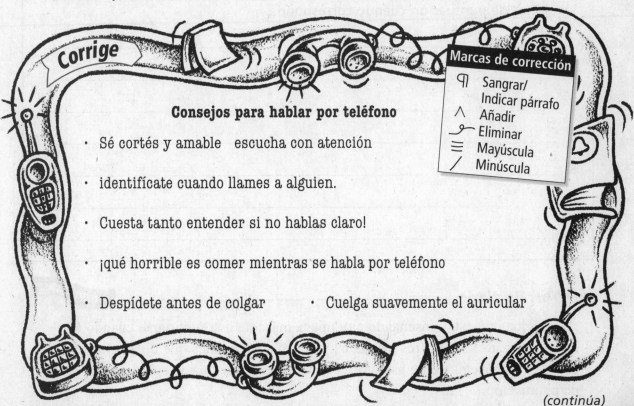

Corrige

Consejos para hablar por teléfono

· Sé cortés y amable   escucha con atención

· identifícate cuando llames a alguien.

· Cuesta tanto entender si no hablas claro!

· ¡qué horrible es comer mientras se habla por teléfono

· Despídete antes de colgar   · Cuelga suavemente el auricular

Marcas de corrección

¶	Sangrar/ Indicar párrafo
∧	Añadir
˞	Eliminar
≡	Mayúscula
/	Minúscula

(continúa)

Grado 4: Unidad 1   La oración   *(para usarse con las páginas 38 y 39 del libro del estudiante)*

Destreza: Los estudiantes identificarán y marcarán los signos de puntuación en mandatos y exclamaciones.

Nombre _____

3 Mandatos y exclamaciones *(continuación)*

Desafío

Ordena las letras en el robot y forma una palabra. Une esa palabra con el mandato o la exclamación correspondiente.

DESENREDAR EL ROBOT

1. uéq _____   rápidamente

2. canami _____   lento eres

3. on _____   puedo pararlo

4. lepon _____   está funcionando

5. sau _____   las herramientas correctas

6. ho _____   prendió una luz verde

7. inf rop _____   aceite a las herramientas

Ahora escribe los mandatos y exclamaciones completos. Usa las mayúsculas y los signos de puntuación cuando corresponda.

1. _____

2. _____

3. _____

4. _____

5. _____

6. _____

7. _____

Escribir: Un diario

 EXPLICAR

Imagina que estás enseñando a tu nueva mascota a comportarse cuando la sacas a pasear. Escribe tres mandatos y dos exclamaciones que digan cómo la adiestrarías. Asegúrate de usar correctamente las letras mayúsculas y los signos de puntuación.

Grado 4: Unidad 1 La oración *(para usarse con las páginas 38 y 39 del libro del estudiante)*

Destreza: Los estudiantes escribirán correctamente mandatos y exclamaciones.

Nombre _____

4 Sujetos y predicados

Sujetos completos	Predicados completos
Muchos inventores	vivían en la ciudad de Filadelfia.
Algunos inventores	llegaron a ser famosos.

Traza una línea entre el sujeto completo y el predicado completo de cada oración. Escribe *SC* sobre el sujeto completo y *PC* sobre el predicado completo.

1. Tomás Edison inventó la bombilla.

2. Algunos inventos son muy útiles.

3. Otros inventos son entretenidos.

4. La primera bicicleta se construyó hace más de cien años.

5. Un hombre inglés construyó la primera bicicleta moderna.

6. La televisión se popularizó en los Estados Unidos.

7. Este invento tiene más de ochenta años.

8. La gente compró alimentos congelados por primera vez en 1925.

9. Levi Strauss hizo los primeros pantalones vaqueros en 1847.

10. Algunas personas los llaman mahones.

11. Los mineros del oro eran los mejores clientes de Levi.

12. El teléfono no es un invento nuevo.

13. Muchos inventos cambian con el paso del tiempo.

14. El teléfono celular es un ejemplo de este cambio.

15. La computadora es otro ejemplo.

16. Las computadoras se han vuelto más pequeñas y más poderosas.

17. Los científicos no son los únicos inventores.

18. Muchas personas comunes inventan cosas.

19. Todos los días aparecen nuevos inventos.

20. Los nuevos productos ayudan a mucha gente.

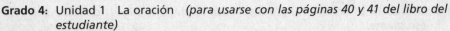

(continúa)

Grado 4: Unidad 1   La oración   *(para usarse con las páginas 40 y 41 del libro del estudiante)*
Destreza: Los estudiantes identificarán los sujetos y predicados completos de las oraciones.

CUADERNO DE PRÁCTICA   9

Nombre _____

4 Sujetos y predicados *(continuación)*

Desafío

Lee la siguiente lista de futuros inventos. Escribe una oración que describa de qué tratará cada invento. Subraya el sujeto completo y encierra en un círculo el predicado completo de cada oración.

Inventos para exteriores	Inventos para interiores
1. El jardín portátil	4. La cocina parlante
2. El limpiabasuras	5. El lápiz hacetareas
3. El fabuloso paseador de perros	6. El lavaplatos supersónico

1. _____

2. _____

3. _____

4. _____

5. _____

6. _____

Dibuja uno o dos de los inventos mencionados.

Escribir: Un anuncio

Imagina que eres inventor. Escribe un párrafo anunciando uno de tus inventos. Escribe el nombre del invento. Luego, escribe cinco oraciones que describan cómo es y qué hace. Traza una línea entre el sujeto completo y el predicado completo de cada oración.

Grado 4: Unidad 1   La oración   *(para usarse con las páginas 40 y 41 del libro del estudiante)*

Destreza: Los estudiantes identificarán y escribirán los sujetos y predicados completos de las oraciones.

5 Núcleo del sujeto

Sujetos completos	Predicados completos
Mi **festividad** preferida	es el 14 de febrero.
Ése	es el Día de San Valentín.

Subraya el sujeto completo de cada oración. Escribe el núcleo del sujeto.

1. El señor Ruiz relató los orígenes del Día de San Valentín. _____

2. El Día de San Valentín tiene una historia muy especial. _____

3. Muchos relatos diferentes cuentan la primera
celebración del Día de San Valentín. _____

4. Cierto relato relaciona este día con un antiguo
festival romano. _____

5. Los romanos celebraban este festival el 15 de febrero. _____

6. La tarjeta más antigua del Día de San Valentín data de 1415. _____

7. Las tarjetas con forma de corazón son el regalo
perfecto para ese día. _____

8. Éstas pueden ser graciosas o serias. _____

9. Muchas personas demuestran sus sentimientos con regalos. _____

10. Algunas personas tímidas envían tarjetas sin firma. _____

11. Las corbatas en cajas decoradas son uno de los regalos
preferidos para ese día. _____

12. Las rosas rojas son populares también para el Día
de San Valentín. _____

13. Las cajas de caramelos llenan las tiendas en el Día
de San Valentín. _____

14. El Día de San Valentín será celebrado por muchos años más. _____

(continúa)

Grado 4: Unidad 1 La oración *(para usarse con las páginas 42 y 43 del libro del estudiante)*

Destreza: Los estudiantes identificarán el sujeto completo y el núcleo del sujeto en las oraciones.

Nombre _____

5 Núcleo del sujeto (continuación)

Desafío

Subraya el núcleo del sujeto en cada oración. Luego, usa esa palabra para completar el crucigrama.

Verticales

1. Roberto enviará a Lucía una tarjeta.

2. Angélica celebrará por primera vez el Día de San Valentín.

4. Ese día saludas a tus seres queridos.

Horizontales

3. La próxima semana será la fiesta de San Valentín.

5. Las rosas rojas son un símbolo de amor.

6. Mi feriado favorito es el 14 de febrero.

7. La mayoría de tarjetas son rosadas, rojas o blancas.

Escribir: Una narración personal ————————

Piensa en tu festividad preferida. Escribe cinco oraciones que narren cómo celebras esa festividad con tu familia o amigos. Subraya el núcleo del sujeto de cada oración.

Grado 4: Unidad 1   La oración   *(para usarse con las páginas 42 y 43 del libro del estudiante)*
Destreza: Los estudiantes identificarán y escribirán los núcleos del sujeto en las oraciones.

Nombre _____

6 Núcleo del predicado

Sujetos	Predicados
Algunas	**sueñan** cuando duermen.
Las personas	**olvidan** sus sueños.

Subraya el predicado completo de cada oración. Escribe el núcleo del predicado.

1. Los científicos estudian el sueño de las personas. _____

2. El cerebro emite señales mientras dormimos. _____

3. Los científicos colocan sensores sobre la cabeza de una persona. _____

4. Una máquina especial detecta el sueño ligero y el profundo. _____

5. El sueño ligero dura casi dos horas. _____

6. Los sueños ocurren durante algunas etapas del sueño. _____

7. Algunas personas tienen muchos sueños en una sola noche. _____

8. Los sueños ocurren aproximadamente dos horas después de que uno se duerme. _____

9. Algunas personas se despiertan en medio de un sueño. _____

10. Muchas personas recuerdan sus sueños. _____

11. Los sueños parecen reales para quien los sueña. _____

12. Algunas personas sueñan en colores. _____

13. Los científicos están muy interesados en el estudio de los sueños. _____

14. Ellos aprenden más sobre el cerebro a través de los sueños de las personas. _____

(continúa)

Grado 4: Unidad 1 La oración (*para usarse con las páginas 44 y 45 del libro del estudiante*)
Destreza: Los estudiantes identificarán el predicado completo y el núcleo del predicado en las oraciones.

CUADERNO DE PRÁCTICA 13

Nombre _____

6 Núcleo del predicado (continuación)

Desafío

Los niños que aparecen en el dibujo tienen sueños para el futuro. Escribe una oración sobre cada niño siguiendo las siguientes instrucciones.

1. A Julia le gustan los animales. Escribe una oración sobre Julia usando el núcleo del predicado *sueña*.

_____

2. A Andrés le fascinan los aviones. Escribe una oración sobre Andrés usando el núcleo del predicado *espera*.

_____

3. A Cristina le gusta trabajar con arcilla. Escribe una oración sobre Cristina usando el núcleo del predicado *quiere*.

_____

4. A Jorge le encanta plantar flores. Escribe una oración sobre Jorge usando el núcleo del predicado *desea*.

_____

Ahora escribe una oración sobre un sueño que tengas para el futuro. Subraya el núcleo del predicado.

_____

Escribir: Un diario ⎯⎯⎯⎯⎯⎯⎯⎯⎯⎯⎯⎯ EXPRESAR

¿Cuáles son tus sueños para cuando seas mayor? Escribe al menos cinco oraciones que expresen tus deseos como adulto. Subraya el núcleo del predicado de cada oración.

Grado 4: Unidad 1 La oración *(para usarse con las páginas 44 y 45 del libro del estudiante)*

Destreza: Los estudiantes identificarán y escribirán el núcleo del predicado en las oraciones.

Nombre _____

7 Uniones incorrectas

Incorrecto	Las tormentas traen lluvia y nieve también pueden traer granizo.
Correcto	Las tormentas traen lluvia y nieve. También pueden traer granizo.

A Escribe cada oración correctamente. Escribe *correcto* si la oración no es una unión incorrecta.

1. Algunas tormentas causan problemas los efectos dependen del lugar donde vives.

   _____

2. Las tormentas traen fuertes vientos a veces caen rayos.

   _____

3. Los vientos pueden alcanzar una velocidad de más de 75 millas por hora.

   _____

4. Un temporal de lluvia puede ser muy peligroso para las siembras y los animales de un agricultor.

   _____

B 5 a 10. Este informe tiene seis uniones incorrectas. Usa las marcas de corrección para corregirlas.

Ejemplo: Algunas tormentas traen demasiada lluvia, la lluvia excesiva puede inundar las tierras.

 Corrige

Marcas de corrección

¶	Sangrar/Indicar párrafo
∧	Añadir
⌐	Eliminar
≡	Mayúscula
/	Minúscula

BOLETÍN

Se informa a todos sobre la posibilidad de avalanchas pueden

producirse especialmente en las montañas altas. Una avalancha no

es nieve que cae tranquilamente es un desprendimiento repentino e inesperado

de nieve de ocurrir alguna, deberá escuchar atentamente a los guías

manténganse todos juntos en la zona de seguridad. Si usted está esquiando solo,

no se aleje informe la ruta que seguirá. Mántengase en las zonas seguras no

arriesgue su vida sin necesidad.

(continúa)

Grado 4: Unidad 1 La oración *(para usarse con las páginas 46 y 47 del libro del estudiante)*

Destreza: Los estudiantes identificarán y corregirán oraciones con uniones incorrectas.

Nombre _____

7 Uniones incorrectas (continuación)

Desafío

Corrige cada unión incorrecta agregando los signos de puntuación y las letras mayúsculas correspondientes. Escribe después la primera letra de cada oración en el espacio en blanco.

1. Indudablemente, el invierno es la estación más fría del año vientos, heladas y tormentas azotan la cordillera. _____ _____

2. En la cordillera el agua cae de diferentes formas granizo, aguanieve y nieve son algunas de ellas. _____ _____

3. En las altas cumbres siempre hay nieve las llamamos nieves eternas. _____ _____

4. Si hace frío el agua se congela es el comienzo de la nieve. _____ _____

5. Un copo de nieve está formado por cristales no hay dos que sean iguales. _____ _____

6. Todos los habitantes de esos lugares deben abrigarse mucho además deben construir casas especiales para la nieve y el frío. _____ _____

7. Antiguamente era aun peor muchos morían de frío. _____ _____

Ahora ordena las letras para formar una oración sobre el invierno.

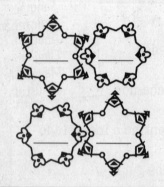
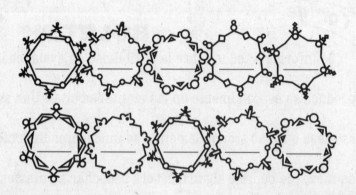

Escribir: Una informe meterológico ──────────────── EXPRESAR

Escribe un informe meteorológico para un programa noticioso de televisión. Escribe cinco oraciones que describan una gran tormenta y sus consecuencias en la zona afectada. Asegúrate de no escribir uniones incorrectas.

Grado 4: Unidad 1 La oración *(para usarse con las páginas 46 y 47 del libro del estudiante)*

Destreza: Los estudiantes corregirán uniones incorrectas y las evitarán al escribir oraciones.

Nombre _____

Cómo escribir buenas oraciones

Unión incorrecta	El 4 de Julio los estadounidenses celebran su independencia conmemoran el cumpleaños de su nación.
Unión correcta	El 4 de Julio los estadounidenses celebran su independencia **y** conmemoran el cumpleaños de su nación.

Combinar oraciones 1 a 6. Vuelve a escribir la siguiente carta que describe la festividad preferida de Enrique. Corrige cada unión incorrecta añadiendo la palabra *y*.

Revisa

Querido Paco:

   El 4 de Julio es mi festividad preferida nuestra ciudad siempre realiza una fiesta muy entretenida. La celebración comienza con un desfile. Las bandas que marchan vienen de todo el estado tocan música alegre. Después del desfile, hay una barbacoa todos comen perros calientes y sandía. Los niños compiten en carreras muchas personas juegan al fútbol. Al atardecer, el cielo se ilumina de colores brillantes y el día termina con un imponente despliegue de fuegos artificiales. ¡Me gustaría tanto que estuvieras aquí para divertirnos juntos!

               Tu amigo,
               Enrique

_____

_____

_____

_____

_____

_____

_____

_____

_____

_____

_____

(continúa)

Grado 4: Unidad 1   La oración   *(para usarse con las páginas 48 y 49 del libro del estudiante)*
Destreza: Los estudiantes corregirán uniones incorrectas añadiendo la palabra *y*.

Nombre _____

Cómo escribir buenas oraciones *(continuación)*

Oraciones cortas	Muchos trucos con monedas parecen complicados. En realidad son fáciles de realizar.
Oración compuesta	Muchos trucos con monedas parecen complicados, **pero** en realidad son fáciles de realizar.

Combinar oraciones 7 a 12. Vuelve a escribir el siguiente párrafo tomado de un libro sobre trucos de magia. Combina las oraciones subrayadas para formar oraciones compuestas. Usa una coma y la palabra que está entre paréntesis.

Revisa

A mucha gente le gustan los espectáculos de magia. Pocos saben cómo se realizan los trucos. (pero) La mayoría de los magos practica sus rutinas durante horas. Hacen trucos para entretener. (y) Gran parte de su magia se basa en la ilusión. Una cosa parece estar ocurriendo. Realmente ocurre algo diferente. (pero) Un buen mago puede desviar la atención del público. Hace que los espectadores observen la varita mágica o una de sus manos. Ellos no notan el movimiento de la otra mano. (y) ¿Desapareció la moneda realmente? ¿La escondió el mago en la palma de su mano? (o) La gente siente curiosidad por saber cómo funcionan los trucos. Los magos no cuentan sus secretos profesionales. (pero)

_____

_____

_____

_____

_____

_____

_____

_____

_____

_____

Grado 4: Unidad 1   La oración   *(para usarse con las páginas 48 y 49 del libro del estudiante)*

Destreza: Los estudiantes combinarán oraciones cortas agregando comas y conjunciones para formar oraciones compuestas.

1 ¿Qué es un sustantivo?

persona	cosa	lugar
Mi **tío** vende **pan** en su **tienda**.		

Subraya los sustantivos de las oraciones. Escribe esos sustantivos.

1. Beatriz y Pedro visitaron la fábrica de Ohio.

   _____

2. En este lugar se hacen muchos panes diferentes.

   _____

3. Un guía les explicó a los niños historias sobre el pan.

   _____

4. El pan es un alimento importante en muchos países.

   _____

5. Hace mucho tiempo, la gente hacía pan con diferentes cereales.

   _____

6. Los panaderos de Escocia a menudo usaban avena.

   _____

7. Los panes se cocían en piedras calientes.

   _____

8. Hombres y mujeres exploraron nuestro país hace mucho tiempo.

   _____

9. Muchos pioneros comían tortas de maíz.

   _____

10. Ahora los obreros de las panaderías tienen máquinas que les facilitan el trabajo.

   _____

(continúa)

Grado 4: Unidad 2   Sustantivos   *(para usarse con las páginas 60 y 61 del libro del estudiante)*
Destreza: Los estudiantes identificarán sustantivos.

CUADERNO DE PRÁCTICA   19

Nombre _____

1 ¿Qué es un sustantivo? *(continuación)*

Desafío

¡Destapa la cazuela y averigua qué tipo de sopa se está cocinando! Ordena las letras de los sustantivos de la cazuela y escríbelos en los espacios siguientes.

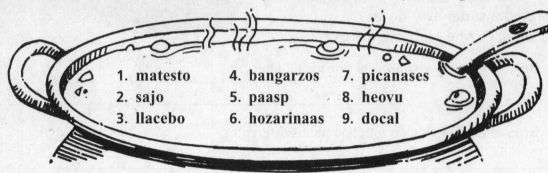

1. matesto	4. bangarzos	7. picanases
2. sajo	5. paasp	8. heovu
3. llacebo	6. hozarinaas	9. docal

1. ◯ _ _ _ _ _   5. _ _ _ _ ◯

2. ◯ _ _ _   6. _ _ _ _ _ _

3. _ ◯ _ _ _ _   7 ◯ _ _ _ _ _

4. ◯ _ _ _ _ _ _ _   8. _ _ _ ◯ _   9. _ _ ◯ _ _

Ordena las letras de los círculos para nombrar la sopa.

Es una sopa de _____.

Imagina que has abierto un restaurante nuevo. Usa los sustantivos con las letras desordenadas y otros sustantivos cualesquiera para escribir el menú para tu restaurante.

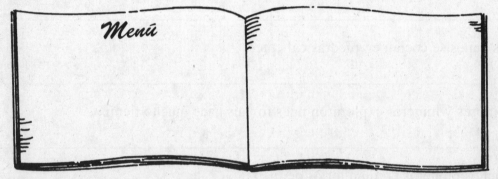

Menú

Escribir: Una receta _____ INFORMAR

  Pídele a un amigo o a un familiar que te dé su receta favorita. Escribe por lo menos seis oraciones, indicando los pasos de la receta. Incluye todas las cosas necesarias para preparar el plato. Subraya todos los sustantivos de la receta.

Grado 4: Unidad 2 Sustantivos *(para usarse con las páginas 60 y 61 del libro del estudiante)*
Destreza: Los estudiantes identificarán sustantivos.

Nombre _____

2 Sustantivos comunes y propios

sustantivo propio   sustantivo común

Ayrton Senna manejaba **autos.**

A Escribe los sustantivos comunes y propios de cada oración. Escribe los propios con mayúscula.

1. ayrton senna nació en brasil.

_____

2. Fue un gran piloto de carreras.

_____

3. Corrió en muchas competencias de la fórmula 1.

_____

4. Fue campeón en tres ocasiones durante su vida.

_____

5. Su última carrera fue en italia.

_____

B **6 a 16.** La siguiente biografía contiene siete sustantivos que deben escribirse con mayúscula. Usa las marcas de corrección para corregirlos.

Ejemplo: senna siempre quiso ser piloto de carreras.

Marcas de corrección

¶	Sangrar/ Indicar párrafo
∧	Añadir
˞	Eliminar
≡	Mayúscula
/	Minúscula

Corrige

ayrton senna nació en la ciudad de Sao Paulo el año 1960, en brasil. A los trece años empezó a participar en campeonatos automovilísticos. Fue campeón del mundo en Fórmula 1 en los años 1988, 1990 y 1991. Siempre corrió en autos rápidos. Su última carrera fue en la ciudad de imola en italia en el año 1994, mientras disputaba el Gran Premio de san marino. Era un gran campeón.

(continúa)

Grado 4: Unidad 2   Sustantivos   *(para usarse con las páginas 62 y 63 del libro del estudiante)*

Destreza: Los estudiantes aprenderán a identificar y usar sustantivos comunes y propios.

CUADERNO DE PRÁCTICA   **21**

Nombre _____

2 Sustantivos comunes y propios *(continuación)*

Desafío

Por las calles de la ciudad de San Antonio se realiza cada año una carrera de autos. El mapa muestra la ruta y los lugares donde los autos deben detenerse. El mapa está incorrecto porque los nombres no tienen mayúsculas. Escribe correctamente cada nombre en las líneas de abajo.

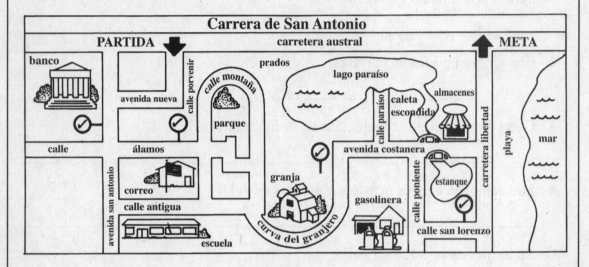

1. _____   6. _____   11. _____

2. _____   7. _____   12. _____

3. _____   8. _____   13. _____

4. _____   9. _____   14. _____

5. _____   10. _____   15. _____

Ahora, marca la ruta de tu auto sobre el mapa. Recuerda pasar por los puntos de control señalados.

Escribir: Una entrevista

INFORMAR

Imagina que te piden entrevistar a un deportista famoso. Escribe al menos tres preguntas sobre los lugares en que ha competido y las personas a las que más admira. Escribe después las respuestas que tú crees que daría. Subraya todos los sustantivos comunes y encierra en un círculo los sustantivos propios.

Grado 4: Unidad 2   Sustantivos   *(para usarse con las páginas 62 y 63 del libro del estudiante)*

Destreza: Los estudiantes aprenderán a escribir sustantivos comunes y propios.

Nombre _____

Escribir con sustantivos

Dos oraciones	Susana entrenó para el campeonato de patinaje artístico. Eva entrenó para el campeonato de patinaje artístico.
Oración combinada	**Susana y Eva** entrenaron para el campeonato de patinaje artístico.

Combinar oraciones 1 a 5. Vuelve a escribir el siguiente párrafo del primer borrador de un artículo periodístico. Combina cada par de oraciones subrayadas para formar una oración con sujeto compuesto. PISTA: A veces tendrás que cambiar el verbo.

Revisa

Documento 1

Elisa patinó en la competencia de campeones. Marcos patinó en la competencia de campeones. Ellos son compañeros de patinaje sobre hielo. Los estilizados levantamientos emocionan a la gente en sus actuaciones. Los saltos perfectos emocionan a la gente en sus actuaciones. Ellos pasan horas perfeccionando su rutina. El tobillo torcido de Elisa dificultó las prácticas. El dedo quebrado del pie de Marcos dificultó las prácticas. Sin embargo, a la hora de competir, la joven pareja patinó maravillosamente. Sus entrenadores los animaron a hacer lo mejor que pudieran. Sus padres los animaron a hacer lo mejor que pudieran. Los jueces saben que estos patinadores son campeones. Sus admiradores saben que estos patinadores son campeones.

_____

_____

_____

_____

_____

_____

_____

_____

(continúa)

Grado 4: Unidad 2   Sustantivos   *(para usarse con las páginas 64 y 65 del libro del estudiante)*

Destreza: Los estudiantes combinarán oraciones uniendo los sujetos con la palabra y para formar sujetos compuestos.

Nombre _____

Escribir con sustantivos *(continuación)*

Dos oraciones	Joseph Merlin diseñó el primer par de patines. Joseph Merlin fue un inventor creativo.
Oración combinada	Joseph Merlin, **un inventor creativo,** diseñó el primer par de patines.

Combinar oraciones 6 a 10. Vuelve a escribir las siguientes oraciones subrayadas de un libro sobre inventos. Para combinarlas y formar sujetos compuestos, coloca los detalles de la segunda oración en la primera.

Revisa

Joseph Merlin usó un par de zapatos sobre ruedas para una fiesta de disfraces. Merlin era un músico belga. Era casi imposible deslizarse a voluntad sobre estos primeros patines. Un inventor estadounidense solucionó este problema. El inventor era Jaime Plimpton. Su aporte permitió que la gente pudiera deslizarse fácilmente sobre patines. El avance era un cojín entre los ejes y las plataformas de los pies.

Otros cambios han hecho que los patines sean más fáciles de usar. Las ruedas hechas de poliuretano proporcionan un deslizamiento más suave. El poliuretano es un plástico liviano. El patinaje sobre ruedas es una magnífica forma de hacer ejercicio. El patinaje sobre ruedas es un deporte popular.

_____
_____
_____
_____
_____
_____
_____
_____
_____

Grado 4: Unidad 2 Sustantivos *(para usarse con las páginas 64 y 65 del libro del estudiante)*

Destreza: Los estudiantes combinarán oraciones colocando los detalles de una oración inmediatamente después del sustantivo de la otra.

Nombre _____

3 Masculinos y femeninos

Masculinos	Femeninos
El **gato** salta la reja.	La **gata** salta la reja.
El **pintor** exhibe sus cuadros.	La **pintora** exhibe sus cuadros.
El **alpinista** llegó a la cumbre.	La **alpinista** llegó a la cumbre.
El **actor** se hizo famoso.	La **actriz** se hizo famosa.

A Escribe cada oración con la forma femenina o masculina opuesta al sustantivo subrayado. Haz todos los cambios que sean necesarios.

1. Felipe quiere ser <u>actriz.</u> _____

2. El <u>abuelo</u> lo apoya en su idea. _____

3. Desde <u>niña</u> soñaba con actuar en un teatro. _____
   _____

4. Estudiará para ser una <u>artista.</u> _____

5. Le darán el papel de <u>princesa.</u> _____

B 6 a 12. En el siguiente argumento de una obra de teatro hay siete errores en el género de los sustantivos. Usa las marcas de corrección para corregirlos.

Ejemplo: La ~~príncipe~~ está triste.
$\overset{\text{princesa}}{\wedge}$

Corrige

Marcas de corrección	
¶	Sangrar/ Indicar párrafo
∧	Añadir
⌐	Eliminar
≡	Mayúscula
/	Minúscula

La obra se desarrolla en un antiguo castilla. Allí

viven un reina, una reina y sus tres hermosas hijas. La

hijo mayor se enamoró de un valiente cazadora. Su padre no estaba

de acuerdo y mandó a su hija a otro puebla.

Finalmente resultó que el cazador era un amable princesa de lejanas

tierras. El rey se disculpó por su egoísmo, y los novias se casaron.

(continúa)

Grado 4: Unidad 2 Sustantivos *(para usarse con las páginas 66 y 67 del libro del estudiante)*

Destreza: Los estudiantes aprenderán a usar sustantivos masculinos y femeninos.

CUADERNO DE PRÁCTICA 25

3 Masculinos y femeninos *(continuación)*

Desafío

Encierra en un círculo en la sopa de letras la forma masculina o fememina opuesta a la palabra indicada en la pista.

1. pastor	6. toro
2. hermano	7. madre
3. yegua	8. ternera
4. doctor	9. ratón
5. prima	10. hija

```
f  b  h  p  a  d  r  e
p  j  z  x  c  p  l  q
a  o  p  v  a  c  a  l
s  k  h  u  b  b  v  j
t  t  i  p  a  y  e  p
o  e  j  g  l  e  p  n
r  r  o  d  l  t  r  p
a  n  l  f  o  k  q  r
h  e  r  m  a  n  a  i
p  r  a  t  o  n  a  m
d  o  c  t  o  r  a  o
```

Escribir: Un guión teatral

Eres un guionista de teatro y debes escribir un guión para la obra de fin de año. Escribe las seis primeras oraciones. Usa sustantivos masculinos y femeninos.

Grado 4: Unidad 2 Sustantivos *(para usarse con las páginas 66 y 67 del libro del estudiante*

Destreza: Los estudiantes aprenderán a usar sustantivos masculinos y femeninos.

Nombre _____

4 Singular y plural

Singular	camisa	reloj	pez
Plural	camisas	relojes	peces

A Escribe el plural del sustantivo entre paréntesis para completar cada oración.

1. Los _____ están de cumpleaños. **(mellizo)**

2. Ellos cumplen ocho _____. **(año)**

3. Tienen una lista de quince _____. **(invitado)**

4. Quieren realizar una fiesta de _____. **(disfraz)**

5. Mamá decoró el salón con muchos _____ . **(globo)**

6. Yo pegué en las paredes varios _____ de colores. **(afiche)**

7. Mis hermanas prepararon deliciosos _____ . **(pastel)**

8. Papá compró _____ de animales para todos. **(antifaz)**

9. Vendrán tres alegres _____ para entretener a los invitados. **(payaso)**

B **10 a 14.** Usa las marcas de corrección para corregir cinco sustantivos plurales de la lista de gastos del cumpleaños.

Marcas de corrección

¶	Sangrar/Indicar párrafo
∧	Añadir
⌿	Eliminar
≡	Mayúscula
/	Minúscula

Ejemplo: 15 tarjeta de invitación $5.00

Corrige

- 2 corona de rey $8.00

- 2 payasos $50.00

- 17 antifases $3.60

- 30 globos de colors $5.00

- 1 piñatas $15.00

- 36 sándwiches de jamón $18.00

- 50 limons para el jugo $10.00

TOTAL $109.60

(continúa)

Grado 4: Unidad 2 Sustantivos *(para usarse con las páginas 68 y 69 del libro del estudiante)*

Destreza: Los estudiantes aprenderán a formar sustantivos singulares y plurales.

Nombre _____

4 Singular y plural (continuación)

Desafío

En la fiesta de cumpleaños habrá juegos y sorpresas. Ayuda a escribir tres letreros para los juegos. Usa tres formas plurales de los sustantivos de cada lista. Decora los letreros con dibujos.

PESCA MILAGROSA

pez	árbol
pileta	patio
premio	caña

CARRERAS

obstáculo	relevo
triciclo	patín
pareja	salto

IMITACIONES

oficio	película
persona	príncipe
animal	actriz

Escribir: Una invitación — EXPRESAR

Escribe una invitación para tu fiesta de cumpleaños. Usa las formas plurales de los sustantivos de la casilla.

piñata	disfraz	sorpresa	juego	globo	baile

Grado 4: Unidad 2 Sustantivos *(para usarse con las páginas 68 y 69 del libro del estudiante)*

Destreza: Los estudiantes aprenderán a formar sustantivos singulares y plurales.

Nombre _____

5 Plurales especiales

Singulares	Plurales
miércoles	miércoles
té	tés
colibrí	colibríes
mamá	mamás

A Escribe el plural del sustantivo entre paréntesis para completar cada oración.

1. Todos los _____ damos un paseo. (viernes)

2. Cuando somos muchos, viajamos en dos _____ escolares. (**ómnibus**)

3. Hoy fuimos al zoológico a ver a los _____. (**chimpancé**)

4. A la entrada del zoológico, vimos un gran jardín con _____. (**alhelí**)

5. Entre las flores volaban unos _____. (**colibrí**)

6. Algunos compañeros visitaron también los _____. (**jabalí**)

7. En el acuario, vimos unos peces que parecían _____. (**rubí**)

B 8 a 12. En la siguiente entrevista hay cinco sustantivos plurales incorrectos. Usa las marcas de corrección para corregir cada error.

Ejemplo: Los márteses son especiales.

Corrige

Estudiante: ¿En qué se diferencian los monos de los simios?

Veterinario: Los monos son más pequeños.

Estudiante: ¿Qué son los chimpanceses?

Veterinario: Son los simios que más se parecen al hombre. Las mamáes cuidan de sus hijos por mucho tiempo.

Estudiante: ¿Qué cuidados especiales tienen aquí?

Veterinario: Los primeros luneses de cada mes les hacemos diferentes análises para controlar su salud.

Estudiante: ¿Qué podemos darles para que coman?

Veterinario: Casi nada. Quizás algunos manises bastarían.

Marcas de corrección

¶	Sangrar/ Indicar párrafo
∧	Añadir
✄	Eliminar
≡	Mayúscula
/	Minúscula

(continúa)

Grado 4: Unidad 2 Sustantivos *(para usarse con las páginas 70 y 71 del libro del estudiante)*
Destreza: Los estudiantes aprenderán a identificar y a usar plurales especiales.

CUADERNO DE PRÁCTICA 29

Nombre _____

5 Plurales especiales (continuación)

Desafío

Abajo encontrarás anuncios de productos imaginarios. Completa los espacios en blanco con las formas plurales de los sustantivos de la casilla.

| viernes | papá | café | pie | sofá | bisturí | chimpancé |

Disfruta la comodidad de los nuevos _____ *Pluma*.

A tus _____ también les agradará.

Liquidación de instrumentos quirúrgicos. Se ofrecen _____, pinzas y mucho más.

Oferta válida sólo los _____ y sábados.

Ahora usa algunas de las formas plurales de los sustantivos de la casilla para crear tu propio anuncio.

Escribir: Un diario ——————————————— DESCRIBIR

Acabas de regresar de visitar el zoológico. Escribe cinco oraciones para describir tu visita. Usa las formas plurales de cinco sustantivos de la casilla.

| chimpancé | papá | mamá | café |
| té | colibrí | jabalí | crisis |

Grado 4: Unidad 2 Sustantivos *(para usarse con las páginas 70 y 71 del libro del estudiante)*

Destreza: Los estudiantes aprenderán a identificar y usar plurales especiales.

1 Verbos de acción

verbo
|
Un periodista **informa** las noticias por la televisión o la radio.
predicado

verbo
|
Un suceso noticioso **ocurrió** una hora antes.
predicado

Escribe los verbos de acción de las oraciones.

1. Los periodistas van a la escena de una noticia. _____

2. Entrevistan a las personas sobre estos sucesos. _____

3. Los periodistas descubren los detalles importantes de una noticia. _____

4. La mayoría de los periodistas trabaja muchas horas al día. _____

5. Asisten a festivales, desfiles y reuniones. _____

6. Algunos periodistas viajan a otros países. _____

7. Casi todos los periodistas escriben sus artículos en computadora. _____

8. Las cámaras de televisión graban algunas noticias. _____

9. Los periodistas de televisión llevan micrófonos en la ropa. _____

10. Estos micrófonos captan todas las palabras. _____

11. Las cámaras recogen sus movimientos y expresiones. _____

12. Muchos periodistas estudiaron esta carrera en la universidad. _____

13. Otros aprendieron su oficio en el trabajo. _____

14. Observaban a otros periodistas. _____

15. Eligieron una carrera interesante. _____

16. Muchas universidades ofrecen cursos de periodismo. _____

17. Los periodistas a menudo pasan mucho tiempo fuera de la oficina. _____

18. Los periódicos publican las noticias. _____

(continúa)

Grado 4: Unidad 3 Verbos *(para usarse con las páginas 82 y 83 del libro del estudiante)*
Destreza: Los estudiantes identificarán verbos de acción.

CUADERNO DE PRÁCTICA   31

Nombre _____

1 Verbos de acción *(continuación)*

Elige los verbos de acción correctos de la casilla para completar las oraciones siguientes. Luego escribe los verbos de acción en el crucigrama.

recoge	prepara
cría	maneja
hace	acciona
decide	presta
arregla	cuida
explora	planta
resuelve	enseña
gobierna	dirige

HORIZONTALES

1. El carpintero _?_ muebles.

3. El jardinero _?_ árboles.

5. El presidente _?_ el país.

7. El bibliotecario _?_ libros.

9. El alcalde _?_ los asuntos de la ciudad.

11. El científico _?_ problemas.

VERTICALES

2. El astronauta _?_ el espacio.

4. El ranchero _?_ ganado.

6. El cocinero _?_ la comida.

8. El capitán _?_ el barco.

10. El sastre _?_ la ropa.

12. El granjero _?_ los animales.

Escribir: **Un informe de noticias** ———————————————— INFORMAR

Imagina que eres un periodista de televisión. Escribe un informe sobre un suceso reciente de tu escuela, barrio o ciudad. Di qué pasó y quién estaba allí. Subraya los verbos de acción.

Grado 4: Unidad 3   Verbos *(para usarse con las páginas 82 y 83 del libro del estudiante)*

Destreza: Los estudiantes identificarán y usarán verbos de acción.

Nombre _____

2 Presente, pasado y futuro

Tiempo presente	Mucha gente **escribe** libros hoy en día.
Tiempo pasado	Mi padre **escribió** un libro sobre astronomía.
Tiempo futuro	Él **escribirá** otros libros en el futuro.

Subraya el verbo en cada oración. Escribe *presente, pasado* o *futuro* para cada oración.

1. El primer cuento de misterio se editó en el año 1841. _____

2. Los nuevos cuentos de misterio solamente le gustaron a algunos lectores. _____

3. Actualmente muchos lectores compran novelas policiales. _____

4. Muchos autores escriben cuentos de misterio. _____

5. Sus extraños personajes siempre intrigaron a los lectores. _____

6. En la mayoría de cuentos de misterio, un detective resuelve un caso. _____

7. Los buenos escritores crean cuentos de misterio con mucho suspenso. _____

8. Los lectores detectarán pistas en el cuento. _____

9. Los lectores adivinarán el final del cuento. _____

10. Un cuento de misterio a menudo incluirá sorpresas. _____

11. Los lectores comprarán los libros de sus escritores preferidos. _____

12. El verano pasado leí un libro acerca de Sherlock Holmes. _____

13. Los jóvenes disfrutan de los libros de misterio de Nancy Drew. _____

14. Muchos cuentos de misterio se convertirán en películas. _____

15. Las librerías promocionan más los libros nuevos que los antiguos. _____

16. Hace mucho tiempo, los libros se escribían a mano. _____

17. ¿Te gustan los libros? _____

(continúa)

Grado 4: Unidad 3 Verbos *(para usarse con las páginas 84 y 85 del libro del estudiante)*

Destreza: Los estudiantes identificarán formas verbales en presente, pasado y futuro.

2 Presente, pasado y futuro *(continuación)*

Desafío

Crea tu propio cuento de misterio usando las palabras en columnas. Para cada oración, elige una persona de la primera columna, una pista de la segunda, un lugar de la tercera y un momento de la última columna. Añade verbos y otras palabras que necesites. Asegúrate de que cada verbo que uses esté en el tiempo verbal correcto. Usa tantas palabras de la lista como puedas.

PERSONAS	PISTAS	LUGARES	MOMENTOS
Sr. Ramos	billetera	a Nueva York	ayer
mi maestro	documentos secretos	en casa	ahora
detective Nicolás	puerta cerrada con llave	en un escritorio de la escuela	mañana
el Genio	llave escondida	en el automóvil	hace dos semanas
mi hermana	paquete	en su oficina	pronto
un dentista	sobre	en la estación de policía	dentro de algunos años
mi abuelo	huellas	sobre la mesa de la cocina	hoy

Ejemplo: <u>Mi hermana</u> encontró <u>ayer</u> un <u>paquete</u> <u>sobre la mesa de la cocina</u>.

_____

_____

_____

_____

_____

Escribir: Una reseña —————————————————

    Piensa en tu libro o película de misterio preferido. Escribe una reseña. Usa verbos en presente para expresar lo que sucede en el cuento. Usa verbos en pasado para contar lo que pensaste del cuento. Usa verbos en futuro para contar lo que pensarán los demás sobre él.

Grado 4: Unidad 3 Verbos *(para usarse con las páginas 84 y 85 del libro del estudiante)*

Destreza: Los estudiantes escribirán oraciones usando formas verbales en presente, pasado y futuro.

Nombre _____

Escribir con verbos

Tiempos distintos	Benjamin Franklin fue un gran estadista e inventor. Él viaja a Francia para pedir ayuda para las colonias estadounidenses durante la Guerra de la Independencia.
El mismo tiempo	Benjamin Franklin fue un gran estadista e inventor. Él **viajó** a Francia para pedir ayuda para las colonias estadounidenses durante la Guerra de la Independencia.

Mantener los verbos en el mismo tiempo 1 a 8. Vuelve a escribir la siguiente parte de un artículo sobre Benjamin Franklin para que todos los verbos estén en el mismo tiempo.

Revisa

Aunque Benjamin Franklin se dedicó a muchos negocios durante su vida, siempre está leyendo y escribiendo. Aprende a leer a muy temprana edad. Se transforma en aprendiz de tipógrafo en 1718, cuando cumple doce años. A los dieciséis, Franklin funda su propio periódico.

El trabajo más famoso de Franklin trata de un calendario anual que expresa sabios dichos escritos por "Richard". Estos dichos invitan a las buenas costumbres, como la honestidad y el trabajo arduo. Muchos colonos respetan a Benjamin Franklin y sus escritos.

_____

_____

_____

_____

_____

_____

_____

_____

_____

_____

_____

(continúa)

Grado 4: Unidad 3 Verbos *(para usarse con las páginas 86 y 87 del libro del estudiante)*

Destreza: Los estudiantes volverán a escribir párrafos para mantener los verbos en el mismo tiempo.

Nombre _____

Escribir con verbos (continuación)

Dos oraciones	Alejandra disfruta de muchas clases de libros. A ella también le gusta escribir.
Predicado compuesto	Alejandra disfruta de muchas clases de libros y también le gusta escribir.

Combinar oraciones 9 a 14. Vuelve a escribir los siguientes párrafos de una página de Internet. Combina cada par de oraciones subrayadas.

Revisa   La página de Arturo Autor

El mes pasado, Arturo Autor comenzó a escribir un libro. Lo empezó haciendo las ilustraciones. Hizo una ilustración por día. Escribió una página del cuento cada día. Inventó cuentos chistosos. Escribió también sobre ideas serias.

Finalmente, terminó el libro. Arturo Autor colocó cada página escrita junto a una página ilustrada. Empastó el libro completo. *La sabiduría de Arturo Autor* se transformó en un éxito entre sus compañeros. Se ganó un lugar en la biblioteca del salón de clases. El libro interesó a los lectores por su calidad. Provocó diversas reacciones por su atractiva portada.

Grado 4: Unidad 3 Verbos *(para usarse con las páginas 86 y 87 del libro del estudiante)*

Destreza: Los estudiantes escribirán oraciones combinadas con predicados compuestos.

3 Tiempo presente

Yo **necesito** información.	Nosotros **hacemos** un viaje.
Tú me **ayudas** a buscarla.	Vosotros **amáis** el campo.
Ella **maneja** la computadora.	Ellos **viven** en el campo.

A Escribe correctamente cada oración. Elige la forma correcta del presente en el paréntesis para completar cada oración.

1. Yo (uso, usas) una computadora para hacer mis tareas.

_____

2. Mi hermano y yo (buscan, buscamos) información en la Internet.

_____

3. Por ejemplo, una página (describo, describe) a las aves.

_____

4. Mi hermano (selecciona, selecciono) una página con mucha información.

_____

5. Yo (escribes, escribo) los datos para mis tareas.

_____

B **6 a 12.** En el siguiente párrafo del uso de las computadoras hay siete formas del presente incorrectas. Usa las marcas de corrección para corregirlas.

Ejemplo: Matías ~~ayudo~~ en el laboratorio de computación.
⌃ayuda

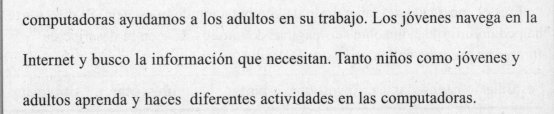

Utilidad de las computadoras

    Los niños estudias y usamos las computadoras para jugar. Las

computadoras ayudamos a los adultos en su trabajo. Los jóvenes navega en la

Internet y busco la información que necesitan. Tanto niños como jóvenes y

adultos aprenda y haces diferentes actividades en las computadoras.

Marcas de corrección

¶	Sangrar/ Indicar párrafo
⌃	Añadir
⌒	Eliminar
≡	Mayúscula
/	Minúscula

(continúa)

Grado 4: Unidad 3   Verbos   *(para usarse con las páginas 88 y 89 del libro del estudiante)*

Destreza: Los estudiantes aprenderán a usar verbos en tiempo presente.

3 Tiempo presente (continuación)

Desafío

Imagina que tienes que escribir un artículo para el diario escolar. Tú tienes cinco títulos de direcciones de la Internet. Escribe una pequeña descripción de cada sitio. Usa los verbos que están entre paréntesis en tiempo presente.

1. *www.lavidadelgranjero.hmco*

(**vivir**) _____

_____

2. *www.amamosalosanimales.hmco*

(**amar**)_____

_____

3. *www.lestemesalasarañas.hmco*

(**temer**) _____

_____

4. *www.comoverduras.hmco*

(**comer**) _____

_____

5. *www.cuentosdivertidos.hmco*

(**necesitar**) _____

_____

Escribir: Instrucciones _____ EXPLICAR

Eres el encargado del laboratorio de computación de tu escuela. El director te ha pedido información sobre seis páginas de museos. Usa en tu descripción formas en presente de los verbos de la casilla.

| estudiar | enseñar | investigar | pintar | presentar | observar |

Grado 4: Unidad 3 Verbos *(para usarse con las páginas 88 y 89 del libro del estudiante)*

Destreza: Los estudiantes aprenderán a usar verbos en tiempo presente.

4 Tiempo pasado

Pretérito indefinido	Pretérito imperfecto
<u>Yo</u> **llegué** temprano.	<u>Yo</u> **llegaba** temprano.
<u>Tú</u> **preparaste** la cena.	<u>Tú</u> **preparabas** la cena.
<u>Nosotros</u> **comimos**.	<u>Nosotros</u> **comíamos**.
<u>Ellos</u> **llegaron** después.	<u>Ellos</u> **llegaban** después.

A Completa cada oración con el verbo y el tiempo que se pide entre paréntesis.

1. Desde pequeño Víctor _____ al fútbol. **(jugar—indefinido)**

2. Claudio y él _____ todas las tardes. **(entrenar—imperfecto)**

3. Cada día _____ mayor destreza en el juego. **(lograr—imperfecto)**

4. Gracias a esto su equipo _____ para el campeonato estatal.
(clasificar—indefinido)

5. Sus padres se _____ por su primer campeonato. **(alegrar—indefinido)**

6. Víctor y su equipo _____ hoy a su pueblo. **(regresar—indefinido)**

7. Sus familiares y amigos los _____ en la plaza del pueblo.
(esperar—imperfecto)

B **8 a 13.** Esta carta contiene seis errores de verbos en tiempo pasado. Usa las
marcas de corrección para corregir los verbos en pasado.

corrimos
Ejemplo: Nosotros ~~corrieron~~ al estadio de fútbol.

Marcas de corrección	
¶	Sangrar/ Indicar párrafo
∧	Añadir
ℐ	Eliminar
≡	Mayúscula
/	Minúscula

Corrige

Querido Víctor:

Hace mucho que no tenías un campeón estatal de fútbol. Cuando tú

participé en ese campeonato, nosotros esperabais solamente que hicieras tu

mejor esfuerzo. Nosotros confiaban en ti y percibían tu empeño por entregar

lo mejor de ti. No nos defraudaste, Incluso gano el primer lugar.

(continúa)

Grado 4: Unidad 3 Verbos *(para usarse con las páginas 90 y 91 del libro del
estudiante)*
Destreza: Los estudiantes aprenderán a usar verbos en tiempo pasado (pretérito
indefinido/pretérito imperfecto).

**CUADERNO
DE PRÁCTICA** **39**

Nombre _____

4 Tiempo pasado *(continuación)*

Desafío

Este robot prepara listas de las comidas para los deportistas de la escuela. Cada noche imprime ocho oraciones que describen las meriendas. Escribe la lista de ayer del robot. Usa formas verbales en pretérito indefinido y pretérito imperfecto.

cortar	beber	revolver	cocer
cocinar	tomar	picar	calentar

LISTA DE AYER

1. _____
2. _____
3. _____
4. _____
5. _____
6. _____
7. _____
8. _____

Escribir: **Un informe**

Imagina que eres entrenador de béisbol. Haz un informe acerca de las actividades que realizó el equipo la semana anterior. Usa las formas verbales en pretérito indefinido o pretérito imperfecto de seis verbos de la casilla.

practicar	correr	batear	saltar	comenzar	atrapar	lanzar

Grado 4: Unidad 3 Verbos *(para usarse con las páginas 90 y 91 del libro del estudiante)*

Destreza: Los estudiantes aprenderán a usar verbos en tiempo pasado (pretérito indefinido/pretérito imperfecto).

5 Tiempo futuro

> Mañana **viajaremos** a casa de mis tíos.
> Con mis primos **veremos** televisión.
> Mis tíos me **recibirán**.

A Completa las oraciones con el verbo en tiempo futuro indicado entre paréntesis.

1. Los padres de Juan _____ un viaje. (**preparar**)

2. Ellos _____ a Nueva York. (**viajar**)

3. Estando allá todos nosotros _____ la Estatua de la Libertad. (**visitar**)

4. Juan _____ hasta la corona para observar la ciudad. (**subir**)

5. Los padres de Juan _____ por el río Hudson. (**navegar**)

6. Juan y su padre _____ por el parque Central. (**correr**)

B 7 a 12. Este folleto explica el recorrido que se hace en una visita a Japón. Encuentra seis errores de verbos en tiempo futuro. Usa las marcas de corrección para corregir cada error.

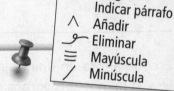

Marcas de corrección

¶   Sangrar/ Indicar párrafo
∧   Añadir
⌐   Eliminar
≡   Mayúscula
/   Minúscula

                    viajaremos
Ejemplo: Nosotros ~~viajarán~~ a Japón.
                       ∧

Recorrido del viaje a Japón

   Nosotros llegaré a Tokio, la capital, y desde allí nos marchamos

al volcán Fuji. Viajarán en el tren bala, el más rápido del Japón, hasta la

ciudad de Fukuoka. Luego, mis padres recorreremos algunas islas del

archipiélago. Más tarde nos reuniremos todos y visitarán la ciudad de Osaka.

Mi hermana dice que allí ella comeré sushi, un plato típico del Japón.

(continúa)

Grado 4: Unidad 3   Verbos   *(para usarse con las páginas 92 y 93 del libro del estudiante)*
Destreza: Los estudiantes aprenderán a usar verbos en tiempo futuro.

CUADERNO DE PRÁCTICA   **41**

Nombre _____

5 Tiempo futuro (continuación)

Desafío

Eres un guía turístico y debes organizar un recorrido por una ciudad para estudiantes de otro estado. Deberás llevarlos a lugares típicos de tu cuidad y de sus alrededores. Usa los verbos de la casilla en tiempo futuro para completar las oraciones.

llevar	quedar	conocer
comenzar	visitar	mostrar

El primer lugar que _____ es la plaza principal. Eso

_____ la visita. A través de sus estatuas ellos _____

la historia de nuestra ciudad. Luego, creo que les _____ el museo

local. Ellos _____ fascinados con los objetos de las culturas

indígenas. Finalmente los _____ a comer al mejor restaurante de

la ciudad.

_____

Escribe ahora en una hoja aparte tu propio plan de recorrido por tu pueblo.
Usa al menos seis verbos en futuro.

Escribir: Una carta _____ CREAR

Imagina que tienes la posibilidad de invitar a un niño del Japón a tu pueblo.
Escríbele una carta contándole sobre los lugares que podrían visitar. Usa verbos
en tiempo futuro en las oraciones de tu carta.

Grado 4: Unidad 3   Verbos   *(para usarse con las páginas 92 y 93 del libro del estudiante)*

Destreza: Los estudiantes aprenderán a usar verbos en tiempo futuro.

Nombre _____

6 Verbos principales y auxiliares

Verbo auxiliar	Verbo principal
ha	participado
deben	salir

Luis ha participado en las competencias.
Los competidores deben salir a la pista.

A Subraya los verbos auxiliares una vez y los verbos principales dos veces.

1. Desde el siglo dieciocho han existido vaqueros en el Oeste.

2. Sus viajes podían durar mucho tiempo.

3. Los vaqueros deben dominar los caballos que montan.

4. Además, debían usar todas sus habilidades con el lazo.

5. Así podían atrapar el ganado que escapaba.

6. El lazo podía cerrarse gracias a un nudo corredizo.

B 7 a 16. Escribe el verbo auxiliar y el verbo principal de cada oración.

7. La vida de los vaqueros podía ser muy cansadora. _____

8. En primavera y otoño, los vaqueros podían descansar. _____

9. También podían divertirse en su tiempo libre. _____

10. De ese modo estaban naciendo los rodeos. _____

11. Los vaqueros podían participar en diferentes pruebas. _____

12. En cada una debían demostrar sus habilidades. _____

13. En una prueba, debían derribar un buey. _____

14. En otra, tenían que montar un toro salvaje. _____

15. Además debían echar el lazo a un novillo. _____

16. Así los vaqueros podían pasar su tiempo libre entretenidos. _____

(continúa)

Grado 4: Unidad 3 Verbos *(para usarse con las páginas 94 y 95 del libro del estudiante)*
Destreza: Los estudiantes aprenderán a identificar verbos principales y auxiliares.
CUADERNO DE PRÁCTICA 43

Nombre _____

6 Verbos principales y auxiliares (continuación)

Desafío

El rodeo es una actividad muy entretenida. Hoy en día son competencias profesionales. Lee la oración que está dentro de cada novillo. Escribe en las puertas del corral el verbo auxiliar y el verbo principal de cada oración.

1. El rodeo ha comenzado.

2. El rodeo puede incluir cinco pruebas.

3. Los competidores están preparándose para las pruebas.

4. Un vaquero había durado un minuto sobre el toro.

5. El público estaba gritando a sus favoritos.

6. Las competencias pueden durar varios días.

7. Los jueces deben otorgar los premios.

8. Este año están participando muchos vaqueros.

Verbo auxiliar

1. _____
2. _____
3. _____
4. _____
5. _____
6. _____
7. _____
8. _____

Verbo principal

1. _____
2. _____
3. _____
4. _____
5. _____
6. _____
7. _____
8. _____

Escribir: Un relato ———————————————— NARRAR

Imagina que eres un vaquero. Tú y otros vaqueros han participado en un rodeo. Escribe un relato sobre tu triunfo. Usa verbos principales y verbos auxiliares. Subraya los verbos auxilares y encierra en un círculo los verbos principales.

Grado 4: Unidad 3 Nervos *(para usarse con las páginas 94 y 95 del libro del estudiante)*

Destreza: Los estudiantes aprenderán a identificar y usar verbos principales y verbos auxiliares.

7 Tiempos compuestos

Pretérito perfecto	**Ha llegado** un nuevo compañero a la clase.
Futuro perfecto	Él **habrá comprado** sus libros.
Pluscuamperfecto	Nuestro nuevo compañero **había estudiado** en México.

A Encierra en un círculo el verbo auxiliar y subraya el participio en cada oración.

1. Un circo ha llegado al pueblo.

2. Habían puesto la carpa junto al parque.

3. Para mañana habrán terminado la instalación.

4. Según mis compañeros, han venido varias veces.

5. Yo nunca he visto un circo.

6. Mamá ha comprado boletos para todos.

B 7 a 16.   En estas oraciones, los verbos entre paréntesis están en infinitivo. Escribe el verbo en participio en el espacio en blanco para completar cada oración.

7. Con mis amigos hemos _____ el circo. (**visitar**)

8. Este año habían _____ muchos animales. (**traer**)

9. Nosotros nunca habíamos _____ tigres. (**ver**)

10. El cuidador nos contó que habían _____ hace varios años. (**nacer**)

11. Desde entonces no han _____ nuevos tigres. (**llegar**)

12. Julián había _____ varias entradas. (**conseguir**)

13. Hemos _____ entrar gratis. (**poder**)

14. Cada uno ha _____ una banderita. (**comprar**)

15. Nunca antes lo habíamos _____ tan bien. (**pasar**)

16. Julián dice que ya ha _____ más entradas gratis para el próximo circo. (**recibir**)

(continúa)

Grado 4: Unidad 3   Verbos *(para usarse con las páginas 96 y 97 del libro del estudiante)*
Destreza: Los estudiantes aprenderán a usar tiempos compuestos.

CUADERNO
DE PRÁCTICA   45

Nombre _____

7 Tiempos compuestos (continuación)

Desafío

En las siguientes oraciones, subraya una vez el verbo auxilar y dos veces el participio.

1. Luis ha vivido siempre en el circo.

2. Siempre había soñado con ser payaso.

3. Hoy han anunciado su debut como payaso.

4. Luis y su padre habían decidido actuar juntos.

5. Ellos han preparado una rutina especial.

6. El espectáculo ha comenzado con una caída.

7. Hemos aplaudido con entusiasmo sus piruetas.

8. Los dos payasos han hecho reír mucho al público.

9. El pequeño payaso ha cumplido su sueño.

Mira la sopa de letras y encierra en un círculo los verbos auxiliares y los participios subrayados. Los verbos auxiliares aparecen una sola vez.

```
c  o  m  e  n  z  a  d  o  h
h  a  j  i  r  g  d  h  c  p
e  n  i  h  a  l  e  a  u  r
m  u  r  c  h  u  c  n  m  e
o  n  d  v  r  t  i  f  p  p
s  c  s  o  ñ  a  d  o  l  a
v  i  v  i  d  o  i  k  i  r
h  a  b  í  a  ñ  d  p  d  a
d  d  h  e  c  h  o  g  o  d
s  o  z  x  s  l  y  d  d  o
```

Escribir: Una descripción ──────────────── INFORMAR

Imagina que trabajas en un circo como domador de animales, payaso, acróbata o maestro de ceremonia. Escribe cinco oraciones usando verbos auxilares y participios para informar qué debes hacer en el circo.

Grado 4: Unidad 3   Verbos   *(para usarse con las páginas 96 y 97 del libro del estudiante)*
Destreza: Los estudiantes aprenderán a usar tiempos compuestos.

8 Conjugación de *ser* y *estar*

Presente	La Tierra **es** un planeta que **está** en el sistema solar.
Pretérito indefinido	El telescopio **fue** inventado por el astrónomo Galileo.
Pretérito imperfecto	Galileo **estaba** seguro de que la Tierra no **era** el centro del universo.

A Fíjate en el verbo subrayado y escribe en qué forma está.

1. La astronomía es una ciencia que estudia el universo. _____

2. Nosotros estuvimos en el planetario el mes pasado. _____

3. Hace mucho tiempo no se sabía que la
Tierra era redonda. _____

4. Las galaxias están formadas por estrellas y
otros cuerpos celestes. _____

5. Algo que me fascina es el estudio de los meteoritos. _____

B 6 a 10. Juan escribió un ensayo sobre astronomía. Usa las marcas de corrección para corregir las oraciones en las que usó los verbos *ser* y *estar* incorrectamente.

Marcas de corrección

¶	Sangrar/ Indicar párrafo
∧	Añadir
⌐⌐	Eliminar
≡	Mayúscula
∕	Minúscula

La astronomía

Yo estamos interesado en aprender astronomía. Mi tía

Celia me regaló un libro fabuloso. Ella son doctora en

ciencias. Ayer aprendí los nombres de los tres planetas gigantes, que

es Júpiter, Saturno y Neptuno. También aprendí los nombres de las

lunas de Júpiter, que están doce.

¡Qué interesante son la astronomía!

(continúa)

Grado 4: Unidad 3   Verbos   *(para usarse con las páginas 98 y 99 del libro del estudiante)*
Destreza: Los estudiantes aprenderán a conjugar *ser* y *estar*.

CUADERNO DE PRÁCTICA 47

Nombre _____

8 Conjugación de *ser* y *estar* (continuación)

Desafío

Mira la tira cómica. Inventa un diálogo usando formas de los verbos *ser* y *estar*. Usa una hoja aparte.

Ahora completa estas oraciones informativas con la forma correcta de los verbos *ser* y *estar*.

1. Los asteroides _____ pequeños cuerpos rocosos del espacio.

2. El cinturón de asteroides del sistema solar _____ entre Marte y Júpiter.

3. Se han descubierto más de siete mil asteroides. Ceres _____ el primero.

4. La masa de un asteroide pequeño _____ sólo una milésima parte de la masa de la Tierra.

5. Algunos asteroides _____ tan grandes que pueden tener la mitad de la masa de la Tierra.

Escribir: Un diario ——————————————————— DESCRIBIR

Imagina que eres un astronauta en un viaje al espacio. Describe tu viaje usando diferentes formas de los verbos *ser* y *estar*. Incluye lo siguiente: ¿Cómo fue el viaje? ¿Cuántos eran? ¿Dónde estuvieron? ¿Qué tan distantes estaban de la Tierra?

Grado 4: Unidad 3 Verbos *(para usarse con las páginas 98 y 99 del libro del estudiante)*
Destreza: Los estudiantes aprenderán a conjugar *ser* y *estar*.

9 Otros verbos irregulares

> Yo **pude** llegar al cine.
>
> Mirta y Elena **sueñan** con ir al concierto.
>
> Felipe **vuelve** mañana del viaje.

A Elige la forma correcta del verbo irregular que está entre paréntesis. Escribe la forma correcta en el espacio en blanco.

1. Yo _____ canciones de todo tipo. **(compongo, compono)**

2. Por eso _____ grabar un disco. **(quero, quiero)**

3. Hablé el otro día con un productor que _____. **(conozo, conozco)**

4. Le _____ el disco que deseo grabar próximamente. **(dije, decí)**

5. Además, le entregué el material que he _____. **(hecho, hacido)**

6. Ayer _____ que escuchó la grabación. **(supí, supe)**

7. Esta tarde _____ a entrevistarme con el productor. **(vuelvo, volvo)**

8. El productor me _____ si le interesa mi material. **(decirá, dirá)**

9. Además de grabar, _____ hacer una gira de promoción. **(podría, podería)**

B **10 a 15.** Este anuncio de radio tiene seis errores en los verbos irregulares. Usa las marcas de corrección para corrigir el anuncio.

Ejemplo: Yo ~~tiene~~ todas las canciones de Óscar Torres.

tengo

¡BOLETÍN!

¡Hola! Les habla Óscar Torres y los quero invitar

para mañana al lanzamiento de mi nuevo CD. En este

trabajo he ponido también una selección de los temas que más gustan a la

gente. Sabo que les gustará. Además, hacemos una presentación en vivo

junto con otros cantantes del momento.

Si venes, yo mismo poné mi autógrafo en la carátula de tu disco.

Marcas de corrección	
¶	Sangrar/Indicar párrafo
∧	Añadir
↵	Eliminar
≡	Mayúscula
/	Minúscula

(continúa)

Grado 4: Unidad 3 Verbos *(para usarse con las páginas 100 y 101 del libro del estudiante)*

Destreza: Los estudiantes aprenderán a identificar y a usar otros verbos irregulares.

9 Otros verbos irregulares *(continuación)*

Desafío

Ordena las letras de las formas irregulares de los verbos que están en el CD y escríbelos en los espacios en blanco. Usa esas formas verbales para completar las canciones de abajo.

_____

_____

_____

_____

gooi

depu   elvuvo

gocai   erdumo

lohue   eroqui

epsu   chodi

cehi

_____

_____

_____

_____

CANCIÓN DE PRIMAVERA

_____ trinar unas aves,

_____ un perfume de flores,

_____ cantar a la vida y agradecerle sus dones.

CANCIÓN PARA UN INVITADO

Cuando _____ que venías, comencé a cocinar.

Me has _____ que te gusta pollo frito con mucha sal.

Escribe ahora tu propia canción en una hoja aparte. Ponle un título a tu canción. Usa al menos dos verbos irregulares del CD.

Escribir: Una canción ———————————— EXPRESAR

Imagina que eres un compositor. Escribe cinco oraciones para una nueva canción. Usa una de las formas irregulares de la casilla en cada oración.

anduve	hice	puse	vengo	sueño
conozco	digo	quise	juego	hago

Grado 4: Unidad 3   Verbos   *(para usarse con las páginas 100 y 101 del libro del estudiante)*

Destreza: Los estudiantes aprenderán a escribir oraciones con verbos irregulares.

1 ¿Qué es un adjetivo?

De qué tipo	China es un país **enorme** con una historia **larga** e **interesante**.
Cuántos	**Muchas** personas viven en China.

A Escribe los adjetivos que describen los sustantivos subrayados. Luego escribe *qué tipo* o *cuántos* para cada adjetivo.

1. El principal <u>idioma</u> de China es el chino.

   _____

2. Algunas <u>personas</u> de China pueden leer varias <u>lenguas</u> extranjeras también.

   _____

3. Hay muchas <u>maneras</u> de hablar en chino.

   _____

4. Es posible que las personas de <u>pueblos</u> apartados usen <u>palabras</u> diferentes.

   _____

B Escribe los adjetivos y los sustantivos que describen.

5. El chino se escribe con símbolos especiales que se llaman caracteres.

   _____

6. Un carácter pequeño puede expresar una idea completa.

   _____

7. Hay más de mil caracteres.

   _____

8. Las personas escriben los caracteres con tinta negra y pinceles finos.

   _____

9. Los caracteres parecen dibujos bonitos y delicados.

   _____

10. Los caracteres aparecen en muchas pinturas antiguas.

    _____

(continúa)

Grado 4: Unidad 4 Adjetivos *(para usarse con las páginas 112 y 113 del libro del estudiante)*
Destreza: Los estudiantes identificarán adjetivos y los sustantivos que modifican.

CUADERNO DE PRÁCTICA 51

Nombre _____

1 ¿Qué es un adjetivo? *(continuación)*

Desafío

Los chinos no sólo son famosos por su bella escritura sino también por sus hermosas pinturas y dibujos. Fíjate en estos ejemplos de dibujos de estilo chino. Luego escribe tres oraciones para describir cada uno. Usa adjetivos que digan *qué tipo* y *cuántos.*

1. _____

2. _____

3. _____

4. _____

5. _____

6. _____

Escribir: Un diario _____
DESCRIBIR

Estás viajando en un país extranjero. No hablas su lengua y ellos no hablan español. Escribe cinco oraciones acerca de tu primer día en este país. Describe los problemas que enfrentas y cómo los resuelves. Usa adjetivos en todas las oraciones para decir *qué tipo* o *cuántos.*

Grado 4: Unidad 4 Adjetivos *(para usarse con las páginas 112 y 113 del libro del estudiante)*
Destreza: Los estudiantes usarán adjetivos en oraciones.

Nombre _____

2 Concordancia en género y número

| Sin concordancia | Las **plumas** de las aves son **colorida**. |
| Con concordancia | Las **plumas** de las aves son **coloridas**. |

A Vuelve a escribir cada oración para que el adjetivo y el sustantivo subrayados concuerden en género y número.

1. Las aves son animal cubiertos de pluma.

_____

2. Sus pequeños crías nacen de huevos.

_____

3. Algunas aves poseen un plumaje multicolores.

_____

4. Existen aves de distinto tamaños.

_____

B **7 a 12.** Rosa escribió un informe sobre los pichones de paloma. Encuentra seis errores de concordancia entre adjetivos y sustantivos. Usa las marcas de corrección para indicar los errores.

pequeñas
Ejemplo: Hoy observé unas ~~pequeños~~ aves en su nido.

Marcas de corrección	
¶	Sangrar/Indicar párrafo
∧	Añadir
℘	Eliminar
≡	Mayúscula
/	Minúscula

Corrige

Día 1: En el techo de mi casa, hay nidos de palomas con

pichones recién nacido. Algunos huevos todavía no se han roto.

Día 2: Hoy se rompió el última huevo. Sus padres son muy

amorosos y le traen mucho comida.

Día 3: Los pichones están desplumados y no abren sus ojo.

Día 15: Ya les han crecido las pluma a todos los pichones. Son

muy inquietos y baten sus alitos como para volar.

(continúa)

Grado 4: Unidad 4 Adjetivos *(para usarse con las páginas 114 y 115 del libro del estudiante)*
Destreza: Los estudiantes aprenderán a usar correctamente el género y el número en adjetivos y sustantivos.

CUADERNO DE PRÁCTICA **53**

Nombre _____

2 Concordancia en género y número *(continuación)*

Desafío

En las siguientes oraciones, subraya solamente los adjetivos que concuerdan con los sustantivos que describen. Si el adjetivo está mal escrito, corrígelo.

1. Las plumas de las aves son coloridas.   _____

2. Hay plumas que son inmensa.   _____

3. Las hay también de colores brillantes.   _____

4. Sus bordes son lisos.   _____

5. Las plumas más hermosos se ven en el pecho de las aves. _____

Junta la primera sílaba de cada palabra que subrayaste y descubre el nombre de un ave pequeña. Escribe después tres oraciones sobre ella. Recuerda que debe existir concordancia entre **género** y **número**. PISTA: la palabra secreta tiene acento escrito.

1. _____

2. _____

3. _____

Escribir: Un informe

Escribe un informe sobre los nidos y los huevos de las aves. Describe sus formas, colores y tamaños. Revisa para que los sustantivos y adjetivos tengan el mismo género y número.

Grado 4: Unidad 4 Adjetivos *(para usarse con las páginas 114 y 115 del libro del estudiante)*

Destreza: Los estudiantes aprenderán a escribir oraciones usando género y número de manera correcta.

Escribir con adjetivos

> **tres   inmensos   central**
> Los elefantes del circo marchaban en la pista.
>   ^   ^   ^

Ampliar oraciones 1 a 8. Vuelve a escribir esta carta. Usa adjetivos para ampliar cada oración subrayada.

Revisa

Querida tía Clara:

   Anoche fuimos al circo. Me reí cuando el payaso se tropezó. Él fingía no poder pararse. En medio de la pista, los acróbatas montaban una bicicleta. La muchacha de la cuerda floja estaba en lo alto. Ella sostenía un paraguas para equilibrarse. Después, el maestro de ceremonias tocó un silbato. Los caballos corrieron hacia la pista. Cada caballo llevaba un jinete. Los jinetes hacían piruetas mientras los caballos galopaban.

   Luego, los ayudantes del circo colocaron una red de seguridad. En lo alto, los trapecistas representaban su número. El acto más emocionante venía a continuación. Un osado artista fue lanzado desde un cañón. El espectáculo finalizó con un desfile. ¡Lo pasamos tan bien!

                                   Tu sobrino,
                                   Samuel

(continúa)

Grado 4: Unidad 4   Adjetivos   *(para usarse con las páginas 116 y 117 del libro del estudiante)*
Destreza: Los estudiantes ampliarán oraciones usando adjetivos.

CUADERNO DE PRÁCTICA   55

Nombre _____

Escribir con adjetivos *(continuación)*

No combinada	En el circo compramos caramelos.
	Los caramelos eran **rojos**.
Combinada	En el circo compramos caramelos **rojos**.

Combinar oraciones 9 a 16. Vuelve a escribir este mensaje de correo electrónico combinando los pares de oraciones subrayadas.

Revisa

e-mail

Para: Renato

De: Marcelo

Asunto: El circo

En el circo monté en camello. El camello era de color tostado. Sus patas eran largas. Sus patas eran huesudas. Para montar, subí en una escalera. La escalera era alta. Luego, me monté en el lomo del camello. Me senté sobre una montura. La montura era blanda. Una manta cubría la montura. La manta era blanca.

El nombre del camello era Jorobas. Jorobas tenía ojos grandes. Sus ojos eran pardos. Monté en Jorobas alrededor de una pista. La pista era pequeña. El paseo fue agitado. El paseo fue entretenido.

_____

_____

_____

_____

_____

_____

_____

_____

_____

_____

Grado 4: Unidad 4 Adjetivos *(para usarse con las páginas 116 y 117 del libro del estudiante)*

Destreza: Los estudiantes combinarán oraciones usando adjetivos.

Nombre _____

3 Adjetivos posesivos

Antes del sustantivo	Después del sustantivo
Éste es **mi** escritorio.	Este escritorio es **mío**.
Olvidó **sus** libros.	Olvidó los libros **suyos**.

A Escribe el adjetivo posesivo de cada oración.

1. Cristina es prima mía.   _____

2. Ella es hija de mi tía Elena.   _____

3. En nuestra familia somos las nietas menores.   _____

4. El hermano suyo es el mayor de los nietos.   _____

5. Tía Elena y su familia viven en México.   _____

6. Los visitaré este verano junto con mis padres.   _____

B **7 a 12.** Escribe cada oración con la forma correcta del adjetivo posesivo indicado en paréntesis.

7. (Mis, Míos) hermanos y el vecino participarán en una competencia.

   _____

8. Deben tener autorización de (suyos, sus) padres.

   _____

9. Yo llevaré a (míos, mis) hermanos al estadio.

   _____

10. Espero que (mío, mi) hermano menor gane alguna medalla.

    _____

11. Muchos amigos (sus, suyos) lo estaban apoyando.

    _____

12. El vecino y (su, suyo) hijo también estaban presentes.

    _____

(continúa)

Grado 4: Unidad 4   Adjetivos   *(para usarse con las páginas 118 y 119 del libro del estudiante)*
Destreza: Los estudiantes aprenderán a identificar y usar adjetivos posesivos.

CUADERNO DE PRÁCTICA 57

Nombre _____

3 Adjetivos posesivos *(continuación)*

Desafío

En las siguientes oraciones subraya los adjetivos posesivos. Responde a las adivinanzas y descubre un miembro de la familia.

1. La hija de mi tía es mi _____ .

2. ¿El hijo de tu papá, quién es? _____

3. Los padres de nuestros padres son mis _____ .

4. Los hijos de mi hermano son mis _____ .

5. Soy la mamá de tu mamá. ¿Quién soy? _____

6. Si soy hijo de tu tío, tu papá es mi _____ .

Ahora escribe cuatro adivinanzas para descubrir otro miembro de la familia. Usa por lo menos un adjetivo posesivo en cada oración.

7. _____

8. _____

9. _____

10. _____

Escribir: Una entrevista —————————————————

Entrevista a una persona mayor, como uno de tus abuelos o de tus padres, acerca de sus antepasados. Escribe tu entrevista y subraya los adjetivos posesivos. Verifica que estén correctos.

Grado 4: Unidad 4 Adjetivos *(para usarse con las páginas 118 y 119 del libro del estudiante)*
Destreza: Los estudiantes aprenderán a identificar y usar adjetivos posesivos.

4 Artículos

Gonzalo compró **una** escoba.

María barre con **la** escoba.

Completa la oración con uno de los artículos del paréntesis.

1. La madre de Teresa tiene _____ florería. (un, una)

2. Teresa ayuda a su madre con _____ cajas de flores. (una, unas)

3. Ambas preparan _____ adornos florales de mesa. (unos, un)

4. Ellas usarán _____ rosas más hermosas. (las, los)

5. Más tarde enviarán _____ adornos al restaurante. (los, las)

Desafío

En el siguiente texto subraya una vez cuatro artículos definidos y dos veces cuatro artículos indefinidos. Despúes escribe en orden los sustantivos que acompañan a los artículos definidos. Descubre el nombre de una flor uniendo las primeras sílabas de esos sustantivos.

Paseo por el mar en una tarde de verano. Veo las gaviotas que vuelan inquietas como unas chiquillas de escuela. Durante mi paseo, observo de cerca unos jardines que parecen mantos de flores blancas. Cada flor tiene muchos pétalos de forma alargada y un centro de color amarillo. Parecen hechas de terciopelo. Muchas olas van y vienen. Parecen hadas que quisieran ponerse guirnaldas de flores en los rizos de su largo cabello. Cuando empieza a oscurecer me apuro a regresar a casa. Nunca olvidaré el tapiz de flores frescas que acarician mis pies al correr.

_____ _____ _____ _____

La flor escondida es la _____ .

Grado 4: Unidad 4   Adjetivos   *(para usarse con la página 120 del libro del estudiante)*
Destreza: Los estudiantes aprenderán a identificar y usar artículos.

CUADERNO DE PRÁCTICA   59

Nombre _____

5 Contracciones *al* y *del*

> Mañana iré **al** zoológico.
>
> Mi padre revisa las ruedas **del** auto.

Escribe la contracción *al* o *del* que corresponda a cada oración.

1. Mi casa queda _____ final de un largo camino.

2. Lo llaman el camino _____ Pescador.

3. Ese camino lleva _____ lago del pueblo.

4. Para llegar _____ paradero de buses camino varias cuadras.

5. A veces me acompaña el perrito _____ vecino.

Desafío

Mira la portada del libro. Piensa en nombres de tres capítulos para este libro. Usa las contracciones *al* y *del* en los títulos.

Una aventura playera

1. _____

2. _____

3. _____

Grado 4: Unidad 4 Adjetivos *(para usarse con la página 121 del libro del estudiante)*
Destreza: Los estudiantes aprenderán a identificar y a formar contracciones.

Nombre _____

6 Comparativos y superlativos

Comparativos	Superlativos
Luis es **más** alto **que** Arturo.	Luis es **altísimo**.
Mi gato es **más** gordo **que** el tuyo.	Mi gato es **el más gordo**.

A Usa las formas del comparativo o superlativo del adjetivo indicado en paréntesis para completar cada oración.

1. Venus es el planeta _____ del sistema solar. **(caliente)**

2. El planeta rojo, Marte, es _____ y seco. **(pequeño)**

3. En cambio, Júpiter es el planeta _____ de todos. **(grande)**

4. Plutón está _____ del Sol y es muy pequeño. **(alejado)**

5. Saturno tiene _____ lunas. **(muchas)**

B **6 a 10.** En este artículo sobre los planetas hay cinco errores en los adjetivos comparativos. Usa las marcas de corrección para corregir cada error.

Ejemplo: Urano es casi tan azul ~~que~~ **como** Neptuno.

Marcas de corrección
¶	Sangrar/Indicar párrafo
∧	Añadir
ℓ	Eliminar
≡	Mayúscula
/	Minúscula

Corrige

Como sabemos, nuestro sistema solar tiene nueve planetas. Algunos son más grandes como otros. El planeta más grandísimo del sistema solar es Júpiter; en cambio, Mercurio es mucho tan pequeño que Marte. Saturno es casi tan grande que Júpiter.

La temperatura en los planetas varía según la distancia que tengan con respecto al Sol. Así, en Mercurio es más alta como en la Tierra y en Plutón es más baja que en Júpiter.

(continúa)

Grado 4: Unidad 4   Adjetivos   *(para usarse con las páginas 122 y 123 del libro del estudiante)*
Destreza: Los estudiantes aprenderán a identificar adjetivos comparativos y superlativos.

CUADERNO DE PRÁCTICA 61

6 Comparativos y superlativos *(continuación)*

Desafío

Escoge uno de los adjetivos comparativos o superlativos de la casilla para completar las oraciones.

hermosísima	muy pequeñas	más grande que
bajísima	muchísimas	muy simple
alejadísimas	muy claro	más alto que

1. En nuestro sistema solar hay _____ lunas. **Subraya la última letra.**

2. Algunas están _____ de sus planetas. **Subraya la tercera letra.**

3. Las lunas de Saturno son _____ . **Subraya la cuarta letra.**

4. Una de ellas es _____ la nuestra. **Subraya la séptima letra.**

5. Vivir en la Luna no debe ser _____ . **Subraya la octava letra.**

6. Allí, la temperatura es _____ . **Subraya la segunda letra.**

7. También se puede saltar _____ en la Tierra, porque no hay atmósfera. **Subraya la sexta letra.**

8. Desde la Luna la vista de la Tierra es _____ . **Subraya la última letra.**

Ordena ahora las letras que subrayaste para formar una palabra cósmica.

_____

Escribir: Una comparación _____

Imagina que eres astronauta y viajas a la Luna. Compara situaciones cotidianas que podrías hacer tanto en la Luna como en la Tierra. Usa adjetivos comparativos y superlativos en tu comparación.

Grado 4: Unidad 4 Adjetivos *(para usarse con las páginas 122 y 123 del libro del estudiante)*

Destreza: Los estudiantes aprenderán a identificar adjetivos comparativos y superlativos.

1 Oraciones correctas

Unión incorrecta	Es divertido ver películas ¿a ti te gusta también?
Correcta	Es divertido ver películas. ¿Te gustan a ti también?
Declaración	Es divertido ver películas.
Pregunta	¿Has visto alguna vez cómo se hace una película?
Mandato	Cuéntame, por favor.
Exclamación	¡Qué gran experiencia debe ser!

Escribe estas oraciones correctamente. Pon letras mayúsculas y signos de puntuación.
Escribe las uniones incorrectas como dos oraciones.

1. te gustan las películas antiguas

   _____

2. algunas películas antiguas se hicieron sin sonido que divertidos parecen los actores.

   _____

   _____

3. mi estrella favorita de las películas mudas es Mary Pickford

   _____

4. usaban los directores de las películas antiguas más de una cámara

   _____

5. qué extrañas serían las películas sin el equipo moderno

   _____

6. por favor describe la cámara de cine explica cómo se inventó

   _____

7. Sabes de efectos especiales explícame por favor

   _____

8. con las computadoras se pueden hacer películas poco comunes has visto alguna

   _____

   _____

(continúa)

Grado 4: Unidad 5 Ortografía y puntuación *(para usarse con las páginas 136 y 137 del libro del estudiante)*
Destreza: Los estudiantes usarán mayúsculas, pondrán signos de puntuación a las oraciones y corregirán uniones incorrectas.

CUADERNO DE PRÁCTICA 63

1 Oraciones correctas (continuación)

Desafío

En el guión de una película, las palabras de los personajes están escritas en oraciones llamadas frases. Fíjate en las siguientes escenas de películas. Escribe las frases para cada personaje. La palabra entre paréntesis dice qué tipo de oración debes escribir.

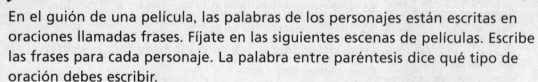

ESCENA UNO

Guardia: *(Mandato)* _____

Niño: *(Pregunta)* _____

Guardia: *(Declaración)* _____

Niña: *(Exclamación)* _____

ESCENA DOS

Hombre: *(Pregunta)* _____

Robot: *(Mandato)* _____

Hombre: *(Exclamación)* _____

Robot: *(Declaración)* _____

Escribir: Una reseña

DESCRIBIR

Piensa en una de tus películas favoritas. Decide por qué te gusta tanto. Escribe seis oraciones para describir las partes más interesantes de la película. Incluye una declaración, una pregunta, un mandato y una exclamación. Asegúrate de usar letras mayúsculas y signos de puntuación.

64 **CUADERNO DE PRÁCTICA**

Grado 4: Unidad 5   Ortografía y puntuación   *(para usarse con las páginas 136 y 137 del libro del estudiante)*

Destreza: Los estudiantes usarán mayúsculas y pondrán signos de puntuación a las oraciones.

Escribir buenas oraciones

Un solo tipo de oración	Me gusta observar las estrellas. Siempre busco la estrella polar. Una vez vi una estrella fugaz. Me pareció hermosa.
Diferentes tipos de oraciones	¿Te has fijado alguna vez en la cantidad de estrellas que existe? Busca la estrella polar. Una vez vi una estrella fugaz. ¡Era tan hermosa!

Escribir diferentes tipos de oraciones 1 a 6. Vuelve a escribir este artículo científico. Convierte cada oración subrayada en una pregunta, un mandato o una exclamación. La palabra entre paréntesis te dirá qué tipo de oración escribir.

Revisa

Cuando el Sol se oculta, las luces nocturnas se encienden. Éste es un bello espectáculo. (exclamación) Primero, podrías quedarte un rato mirando la Luna. (mandato) La luz de la Luna es la luz solar que se refleja en la Luna. Luego, podrías observar las luces titilando en el cielo. (mandato) Las luces titilantes son estrellas. Algunas estrellas que vemos están a más de 2.5 millones de años luz. (exclamación) También puedes fijarte en los puntos de luz que no titilan. (pregunta) Ésos son planetas. El cielo nocturno es tan maravilloso. (pregunta)

1. _____

2. _____

3. _____

4. _____

5. _____

6. _____

(continúa)

Grado 4: Unidad 5 Ortografía y puntuación *(para usarse con las páginas 138 y 139 del libro del estudiante)*

Destreza: Los estudiantes escribirán y pondrán signos de puntuación a los cuatro tipos de oraciones.

CUADERNO DE PRÁCTICA 65

Nombre _____

Escribir buenas oraciones (continuación)

Dos oraciones	Nosotros estudiamos los cometas. Nosotros aprendimos mucho sobre ellos.
Oración compuesta	Nosotros estudiamos los cometas y aprendimos mucho.
Predicado compuesto	Nosotros estudiamos y aprendimos mucho sobre los cometas.

Combinar oraciones 7 a 12. Vuelve a escribir cada par de oraciones subrayadas en este guión. Primero, combina las dos oraciones para formar una oración compuesta. Luego, combínalas de nuevo para formar una oración con predicado compuesto.

Revisa

Profesor Rosas  <u>Yo sé todo sobre los cometas. Yo puedo contarles sobre los cometas.</u> Los cometas aparecen repentinamente en el cielo. <u>Son esferas de roca y hielo. Tienen una cola de gas y polvo.</u> La luz solar reflejada hace brillar la cola del cometa.

Profesora Díaz <u>Un meteorito viaja a gran velocidad. Entra a la atmósfera terrestre a gran velocidad.</u> La mayoría de los meteoritos se desintegra al chocar con la atmósfera. Otros se estrellan contra el suelo.

7. Oración compuesta: _____
_____

8. Predicado compuesto: _____
_____

9. Oración compuesta: _____
_____

10. Predicado compuesto: _____
_____

11. Oración compuesta: _____
_____

12. Predicado compuesto: _____
_____

(continúa)

Grado 4: Unidad 5 Ortografía y puntuación *(para usarse con las páginas 138 y 139 del libro del estudiante)*
Destreza: Los estudiantes combinarán oraciones para formar oraciones compuestas y oraciones con predicado compuesto.

2 Sustantivos propios

> Pedro y su familia viajaron a **Perú**.
>
> Mi perra **Perlita** tuvo tres cachorros.
>
> El Sr. **Martínez** viajó a **Europa**.
>
> La isla de **Hawai** está en el océano **Pacífico**.

A Escribe las oraciones correctamente. Cambia las letras minúsculas por mayúsculas cuando sea necesario.

1. Laura irá de vacaciones y llevará a su gata minina.

_____

2. Ella visitará el gran cañón, en arizona.

_____

3. Éste se formó debido a la erosión del río colorado.

_____

4. Además, laura quiere visitar los ángeles, california.

_____

B 5 a 14. Esta postal tiene diez errores en las letras iniciales de nombres de personas, mascotas y lugares. Usa las marcas de corrección para corregirlas.

Ejemplo: **Martín** **España** **Patón**
~~martín~~ viajará a ~~españa~~ con su perro ~~patón~~.

Corrige

Querida tía nancy:

Estamos de visita en perú, un país de América

del sur. Viajamos con nuestro perro sansón. Mañana

partiremos a machu picchu, unas ruinas que quedan

cerca de la ciudad de cuzco. Después, iremos a lima, la

capital y luego regresaremos a nueva york.

Abrazos,

Andrea

Marcas de corrección

¶	Sangrar/ Indicar párrafo
∧	Añadir
⌐	Eliminar
≡	Mayúscula
/	Minúscula

(continúa)

Grado 4: Unidad 5 Ortografía y puntuación *(para usarse con las páginas 140 y 141 del libro del estudiante)*
Destreza: Los estudiantes aprenderán a identificar y usar mayúsculas en sustantivos propios.

CUADERNO DE PRÁCTICA   **67**

2 Sustantivos propios *(continuación)*

Desafío

Completa esta carta. Usa nombres reales o imaginarios. Tu carta puede ser seria o divertida. Pon tu nombre al final de la carta. Usa las letras mayúsculas que sean necesarias.

_____
(fecha)

Hola, _____
(nombre de un amigo o amiga)

Estamos de visita en _____, con mi hermano _____, en casa de mis tíos.

La semana pasada nos regalaron un perrito y le pusimos por nombre

_____, aunque yo no estaba de acuerdo, ya que me gustaba más

_____, pero al final acepté.

Un día, con mi hermano, decidimos escalar una montaña llamada

_____, porque _____ . Cuando llegamos a la cumbre vimos

al señor _____ durmiendo su siesta diaria.   Él nos dijo que el río

que se veía a lo lejos se llamaba _____ , porque un día _____ .

Fue un día _____ . En nuestra próxima visita iremos a _____

y llevaremos a nuestro perro _____ .

Dale nuestros saludos a los amigos.

¡Hasta pronto!

_____
(tu nombre)

Escribir: Una carta ————————————————— DESCRIBIR

Imagina que viajas por la Amazonía, en Brasil. Escribe una carta a un amigo, describiendo el lugar. Menciona lugares interesantes como pueblos, lagos y áreas de reservaciones indígenas. Nombra además personas. Revisa las mayúsculas.

Grado 4: Unidad 5   Ortografía y puntuación *(para usarse con las páginas 140 y 141 del libro del estudiante)*
Destreza: Los estudiantes aprenderán a identificar y usar mayúsculas en sustantivos propios.

3 Comas en una serie

> Me gustan los deportes como **el ciclismo, el fútbol y el tenis**.
> Un ciclista debe saber **pedalear, girar y detener** una bicicleta.

A Corrige las siguientes oraciones. Agrega comas donde se necesiten.

1. A muchos adultos jóvenes y niños les encanta el ciclismo.

   _____

2. Los ciclistas deben respetar aprender y obedecer las reglas de seguridad.

   _____

3. Aprende las reglas de seguridad de tu pueblo condado y estado.

   _____

4. Siempre debes aceitar ajustar y revisar las partes de tu bicicleta.

   _____

B 5 a 8. Esta lista de reglas de seguridad contiene cuatro oraciones mal escritas. Usa las marcas de corrección para agregar comas donde se necesiten.

Ejemplo: Los autos de carrera tienen cambios llantas y frenos especiales.

Marcas de corrección	
¶	Sangrar/ Indicar párrafo
∧	Añadir
℘	Eliminar
≡	Mayúscula
/	Minúscula

REGLAS DE SEGURIDAD PARA CICLISTAS

- Revisa las llantas el asiento y la cadena de tu

  bicicleta antes de montarla.

- Limpia ajusta y repara tu bicicleta con frecuencia.

- Usa siempre la bocina la luz y los reflectores cuando oscurece.

- Evita llevar paquetes pasajeros y animales en tu bicicleta.

- Usa casco y ve despacio cuando conduzcas por caminos públicos.

(continúa)

Grado 4: Unidad 5   Ortografía y puntuación *(para usarse con las páginas 142 y 143 del libro del estudiante)*
Destreza: Los estudiantes usarán comas en una serie.

CUADERNO DE PRÁCTICA **69**

Nombre _____

3 Comas en una serie *(continuación)*

Desafío

Durante el verano, realizaste un viaje en bicicleta con el club Bicitur. Aquí hay cuatro fotos de tu viaje. Junto a cada foto, escribe tres o cuatro palabras que la describan.

Ahora describe lo que está sucediendo en cada foto de tu álbum. Escribe oraciones usando los grupos de palabras que escribiste anteriormente. Cada oración debe tener una serie.

1. _____

2. _____

3. _____

4. _____

Escribir: Un relato biográfico ───────────────── EXPLICAR

    Piensa en una nueva actividad que hayas aprendido, como pescar, coser o tocar un instrumento. Escribe seis oraciones sobre cómo aprendiste esa actividad. Usa una serie de tres palabras en cada oración.

Grado 4: Unidad 5   Ortografía y puntuación   *(para usarse con las páginas 142 y 143 del libro del estudiante)*
Destreza: Los estudiantes usarán comas en una serie.

4 Más usos de las comas

Aníbal, ¿tienes la caja con piedras?	No, la olvidé en casa.
Tráela mañana, Aníbal.	Bueno, esta vez no la olvidaré.

Escribe correctamente cada oración. Agrega una coma donde sea necesario.

1. ¿Tienes tu trabajo de ciencias Sara?

_____

2. Sí ayer lo terminé.

_____

3. Mamá ¿debo escribir una bibliografía?

_____

4. Sí siempre es interesante hacer una.

_____

5. Bueno entonces la escribiré ahora mismo.

_____

Desafío

Tamara y Enrique tienen un problema. La Sra. López los ayudará a solucionarlo. Completa cada oración con lo que conversan Tamara, Enrique y la Sra. López.

1.

Enrique _____

_____

Bueno _____

2.

Tamara _____

_____

Sí _____

Nombre _____

5 Abreviaturas

Títulos	doctor	Dr.	Su Señoría	S.S.
Direcciones	Avenida	Avda.	Norte	N
Estados	Florida	FL	California	CA
Varios	departamento	depto.	etcétera	etc.

Reemplaza la palabra subrayada por la abreviatura que corresponda.

1. El Licenciado Martínez llegó a la ciudad. _____

2. Viene de San Francisco, California. _____

3. Hoy lo vi en el Bulevar Central. _____

4. Iba camino a la empresa Juan Pinto, Sociedad Anónima. _____

Desafío

Subraya las abreviaturas en las siguientes pistas del crucigrama. Luego, completa el crucigrama escribiendo las palabras que representan.

VERTICALES

1. Mesas, sillas, lámparas, etc.

2. Soto, Torres y Cía.

4. Sra. García

HORIZONTALES

3. Dr. Juan Tapia

5. Depto. de Ciencias

6. Isla Maui, HI

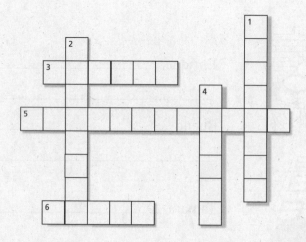

Grado 4: Unidad 5 Ortografía y puntuación *(para usarse con la página 145 del libro del estudiante)*

Destreza: Los estudiantes aprenderán a usar abreviaturas.

Nombre _____

Escribir buenas oraciones

Oraciones cortas	Los ciervos viven en los campos. Los ciervos viven en las praderas. Los ciervos viven en los bosques.
Oración combinada	Los ciervos viven en los campos, las praderas **y** los bosques.

Combinar oraciones para formar una serie 1 a 5. Vuelve a escribir este informe. Combina cada grupo de oraciones subrayadas para formar una oración nueva.

Revisa

Los bisontes pertenecen a la misma familia que las ovejas. Pertenecen a la misma familia que las cabras. Los bisontes pertenecen a la misma familia que las vacas. A los bisontes americanos se les llama incorrectamente búfalos. Tienen cabeza grande y una joroba entre sus hombros. La cabeza del bisonte está cubierta con un pelaje largo y áspero. Su cuello está cubierto con un pelaje largo y áspero. Sus hombros están cubiertos con un pelaje largo y áspero. Los bisontes comen pasto. Los bisontes comen ramas. Los bisontes comen hojas.

En el pasado, los nativoamericanos cazaban bisontes. Ellos usaban el cuero del bisonte. Ellos usaban la carne del bisonte. Ellos usaban los huesos del bisonte.

Actualmente, se crían bisontes en zoológicos y ranchos. Después de un tiempo, se los libera en parques y reservas. Los bisontes habitan las praderas de Wyoming. Habitan las praderas de Montana. Habitan las praderas del Canadá.

1. _____

_____

2. _____

_____

3. _____

4. _____

_____

5. _____

(continúa)

Grado 4: Unidad 5 Ortografía y puntuación *(para usarse con las páginas 146 y 147 del libro del estudiante)*
Destreza: Los estudiantes combinarán oraciones poniendo palabras en una serie.

CUADERNO DE PRÁCTICA **73**

Nombre _____

Escribir buenas oraciones *(continuación)*

Oraciones cortas	Los bisontes son bóvidos salvajes. Los bisontes se parecen a los toros. Los bisontes machos pueden alcanzar hasta dos metros de alto.
Oración combinada	Los bisontes son bóvidos salvajes, se parecen a los toros y los machos pueden alcanzar hasta dos metros de alto.

Combinar oraciones para formar una serie 6 a 10. Vuelve a escribir este guión de video. Combina cada grupo de oraciones subrayadas para formar una serie.

Revisa

NARRADOR: El hábitat del bisonte es la tierra de pastoreo de las Grandes Llanuras, pero los bisontes no son los únicos animales que habitan ahí. Los antílopes viven allí. Las marmotas viven allí. Varios tipos de conejo también viven allí. No creas que en las llanuras hay sólo pasto. Hay otras plantas. Arbustos con bayas crecen en el país de los bisontes. Pequeños álamos crecen en el país de los bisontes. Rosas silvestres crecen en el país de los bisontes. Muchas especies de aves viven también en las llanuras. Hay halcones de las llanuras. Hay cernícalos americanos. Hay dos tipos de búho. También se han establecido personas allí. Los españoles han vivido ahí. Los nativoamericanos han vivido ahí. Otros pueblos han vivido ahí. Actualmente, los residentes de las Grandes Llanuras viven de la agricultura. Ellos viven de la ganadería. Ellos viven de los productos minerales.

6. _____

7. _____

8. _____

9. _____

10. _____

Grado 4: Unidad 5 Ortografía y puntuación *(para usarse con las páginas 146 y 147 del libro del estudiante)*
Destreza: Los estudiantes combinarán oraciones poniendo grupos de palabras en una serie.

6 Títulos

Libro	Don Quijote de la Mancha
Revista	Ciencia Divertida
Periódico	La Nación

En cada oración hay un título mal escrito. Escribe correctamente cada oración.

1. Mi hermano quiere leer el libro clara, la ecologista.

_____

2. Yo prefiero el libro el castillo de chocolate.

_____

3. Mi papá lee el periódico el país.

_____

4. Mi hermana ve la película las llanuras de la argentina.

_____

Desafío

Piensa en dos libros que te haya gustado leer. Imagina que esos libros están en la sala de clases y han cobrado vida. Ellos conversan sobre otros libros parecidos a ellos. Escribe el diálogo que mantienen los libros. Recuerda escribir con mayúscula los títulos de los libros que mencionan. Usa una hoja aparte para escribir el dialógo.

Grado 4: Unidad 5   Ortografía y puntuación   *(para usarse con la página 148 del libro del estudiante)*
Destreza: Los estudiantes aprenderán a usar títulos.

CUADERNO DE PRÁCTICA   **75**

Nombre _____

7 Comillas

> Mi tía me preguntó:
> "¿Te gustan los osos polares?"

Escribe cada oración correctamente. Agrega comillas donde sea necesario.

1. Arturo me preguntó: ¿Sabías que los osos hibernan?

_____

2. El artículo La vida de los osos lo menciona.

_____

3. ¿Sabes si son muy peligrosos? me preguntó Arturo.

_____

4. Le dije: Tengo entendido que están entre los animales más temibles.

_____

_____

Desafío

Tienes que preparar un informe acerca de los osos y necesitas conseguir datos. Busca tres datos usando diferentes fuentes de referencia, tales como enciclopedias, artículos informativos o la Internet. Escribe las citas usando comillas correctamente. Luego, anota las fuentes de referencia que usaste.

1. Dato: _____.

Fuente de referencia: _____

2. Dato: _____

Fuente de referencia: _____

3. Dato: _____

Fuente de referencia: _____

Grado 4: Unidad 5   Ortografía y puntuación   *(para usarse con la página 149 del libro del estudiante)*
Destreza: Los estudiantes aprenderán a usar comillas en citas directas y en títulos de artículos, poemas y cuadros.

Nombre _____

8 Raya o guión largo

> —¿A qué hora abren el acuario? —preguntó Teresa.
> —A las diez —respondió el encargado.

A Escribe correctamente el siguiente diálogo. Usa guiones largos.

1. Julia, mira la cantidad de peces dijo Rubén.

   _____

2. Ésos son peces tropicales dijo el guía. ¡Hay miles!

   _____

3. ¿Cómo se llama ese pez? preguntó Rubén.

   _____

4. Ése es un pez león respondió el guía.

   _____

5. ¡Mira cómo son sus aletas! exclamó Julia.

   _____

6. Con ellas se defiende de los enemigos dijo el guía.

   _____

B Subraya la oración en donde están correctamente utilizados los guiones de diálogo. Escríbelas nuevamente si no lo están.

7. —¿No es una ballena? preguntó Mario.

   _____

8. —¡Sí, es una ballena!— respondió Gloria.

   _____

9. —¿Hacia dónde se dirigirá? preguntó Mario.

   _____

10. —Van hacia el mar de Bering, le informó Gloria.

   _____

(continúa)

Grado 4: Unidad 5   Ortografía y puntuación *(para usarse con las páginas 150 y 151 del libro del estudiante)*
Destreza: Los estudiantes aprenderán a usar el guión largo en diálogos.

CUADERNO DE PRÁCTICA 77

8 Raya o guión largo *(continuación)*

Desafío

Valentín y Valentina son dos peces tropicales que quieren nadar desde el océano Pacífico hasta el océano Atlántico. Imagina la conversación que mantienen. Usa guiones largos en las oraciones del diálogo.

1. _____

2. _____

3. _____

4. _____

5. _____

6. _____

Escribir: Un diálogo

Imagina que hablas por teléfono con un compañero acerca de la visita que hiciste a un acuario. Escribe el diálogo con preguntas y respuestas. Usa frases explicativas y guiones largos donde corresponda.

Grado 4: Unidad 5   Ortografía y puntuación   *(para usarse con las páginas 150 y 151 del libro del estudiante)*

Destreza: Los estudiantes aprenderán a usar el guión largo en los diálogos.

9 División en sílabas

pelota	pe-lo-ta
tenis	te-nis
carrera	ca-rre-ra
deporte	de-por-te

A Lee la palabra subrayada en cada oración. Sepárala en sílabas.

1. Desde <u>pequeño</u> he practicado deportes. _____

2. Mis favoritos son los que usan un <u>balón</u>. _____

3. Actualmente, <u>entreno</u> con el equipo de fútbol local. _____

4. Mañana <u>tendremos</u> un partido contra un rival difícil. _____

5. Todos confían en mi <u>capacidad</u> de goleador. _____

6. Por eso estamos <u>practicando</u> diferentes formas de ataque. _____

B 7 a 20. Dos niños separaron en sílabas varias palabras. Algunas palabras están bien separadas, pero hay seis que no están. Corrige las que están mal separadas. Si están separadas correctamente, escribe *correcto*.

Niño 1

ti-ro _____

canc-ha _____

e-qui-po _____

ca-ba-llet-e _____

uni-for-mes _____

re-glas _____

púb-li-co _____

Niño 2

cic-lis-mo _____

pa-tín _____

pan-ta-lón _____

ca-nas-ta _____

apa-ra-tos _____

pun-tos _____

cal-za-dos _____

(continúa)

Grado 4: Unidad 5 Ortografía y puntuación *(para usarse con las páginas 152 y 153 del libro del estudiante)*
Destreza: Los estudiantes aprenderán a dividir las palabras en sílabas.

CUADERNO DE PRÁCTICA 79

9 División en sílabas *(continuación)*

Desafío

Gonzalo es un niño muy activo que ha practicado muchos deportes. Descubre en la sopa de letras seis deportes que practica.

```
g  p  d  b  o  s  f  j  r  v
k  a  r  a  t  e  r  a  o  c
f  t  p  l  g  o  l  f  i  i
e  i  g  o  t  y  o  g  u  c
s  n  j  n  f  ú  t  b  o  l
u  a  f  c  c  d  e  g  s  i
t  j  y  e  m  y  n  w  s  s
a  e  b  s  ú  r  i  m  a  m
s  i  j  t  l  a  s  f  r  o
d  e  l  o  t  a  d  r  a  g
```

Ahora separa en sílabas los deportes y anótalos en la columna que corresponda según la cantidad de sílabas.

Dos sílabas   **Tres sílabas**   **Cuatro sílabas**

_____   _____   _____

_____   _____   _____

Escribir: Un artículo deportivo ――――――――――――――

   Imagina que eres un periodista deportivo y debes escribir un artículo sobre varios deportes acuáticos. Recuerda separar correctamente en sílabas las palabras al final de una línea.

Grado 4: Unidad 5   Ortografía y puntuación   *(para usarse con las páginas 152 y 153 del libro del estudiante)*
Destreza: Los estudiantes aprenderán las reglas de silabación del español.

10 Diptongos

> Mañana **Laura** participará en un concurso de **ciencias**.
> Yo **voy** con **Luis** a la **ciudad**.

A Subraya las palabras que tengan diptongo.

1. En la granja de mi abuelo hay una huerta.

2. Allí mantiene toda clase de hierbas aromáticas.

3. Las riega cuando comienza la aurora.

4. Me deleita ese sitio, porque ahí respiro aire puro.

5. El viento sopla suavemente en primavera.

6. Siento una alegría inmensa que me conmueve.

7. Mi tío Juan es aficionado a la perfumería.

8. Él mezcla varias esencias de flores para hacer perfumes.

9. Muchas especies vegetales crecen en regiones templadas de Eurasia.

10. El tomillo es una planta aromática de la región mediterránea.

B Divide en sílabas cada una de las palabras subrayadas.

11. Mis abuelos tienen una jaula llena de aves exóticas. _____

12. En un nido hay unos huevos blancos con
pintas de colores. _____

13. Pienso que son de un ave poco conocida. _____

14. Además de hojas, mi abuelo les da maíz. _____

15. El abuelo planea construir una jaula nueva. _____

16. Pronto le traerán cuatro parejas de petirrojos. _____

(continúa)

Grado 4: Unidad 5 Ortografía y puntuación *(para usarse con las páginas 154 y 155 del libro del estudiante)*

Destreza: Los estudiantes aprenderán acerca de los diptongos y cómo dividirlos en sílabas.

CUADERNO DE PRÁCTICA 81

10 Diptongos *(continuación)*

Desafío

Separa en sílabas las siguientes palabras.

1. emperador _____   **6.** cuatro _____

2. rey _____   **7.** oro _____

3. castillo _____   **8.** diamantes _____

4. tiene _____   **9.** plata _____

5. posee _____   **10.** nuevos _____

Ahora completa la primera oración con las palabras de arriba que tienen diptongos. Completa la segunda oración con las palabras restantes.

- La corona del _____ _____ _____ _____ _____.

- El _____ _____ un _____ con paredes de

  _____ y _____.

Escribir: Órdenes reales ———————————————

Imagina que eres un rey o una reina. Escribe las órdenes que tienes que dar para solucionar la falta de alimentos en el reino a causa de una tormenta horrible. Subraya las palabras con diptongo que uses.

Grado 4: Unidad 5   Ortografía y puntuación *(para usarse con las páginas 154 y 155 del libro del estudiante)*
Destreza: Los estudiantes aprenderán acerca de los diptongos y cómo dividirlos en sílabas.

11 Agudas, llanas y esdrújulas

Agudas	Llanas	Esdrújulas
so<u>fá</u>	<u>Á</u>gil	es<u>pá</u>rragos
bu<u>zón</u>	<u>Can</u>tan	zoo<u>ló</u>gico
cen<u>tral</u>	<u>Néc</u>tar	<u>cás</u>cara
a<u>rroz</u>	Marga<u>ri</u>ta	pa<u>cí</u>fico

A Separa en sílabas la palabra subrayada en cada oración y subraya la sílaba que se pronuncia con más fuerza.

1. Todos nos enfermamos <u>alguna</u> vez en la vida. _____

2. Muchas causas provocan una <u>enfermedad</u>. _____

3. Algunas son hereditarias, es <u>decir</u>, pasan de

   generación a generación. _____

4. Otras son causadas por <u>virus</u> y bacterias. _____

5. La tos es un <u>ejemplo</u> de enfermedad bacteriana. _____

6. Una enfermedad <u>epidémica</u> afecta a muchas personas. _____

B Vuelve a escribir las siguientes oraciones con la palabra aguda, llana o esdrújula según se indica en paréntesis.

7. Ayer me sentía un poco (incómodo, enfermo). **(llana)**

   _____

8. Me miré en el espejo y me noté (pálido, demacrado). **(esdrújula)**

   _____

9. (Daniel, Jorge) se preocupó bastante. **(aguda)**

   _____

10. Hoy estoy en cama con (presión, fiebre) alta. **(llana)**

    _____

(continúa)

Grado 4: Unidad 5   Ortografía y puntuación *(para usarse con las páginas 156 y 157 del libro del estudiante)*

Destreza: Los estudiantes aprenderán acerca de las palabras agudas, llanas y esdrújulas.

CUADERNO DE PRÁCTICA   83

Nombre _____

11 Agudas, llanas y esdrújulas *(continuación)*

Desafío

Encuentra en la siguiente sopa de sílabas, tres palabras agudas, tres palabras llanas y tres palabras esdrújulas. Anótalas en la columna que corresponda.

m a	t ú	n e l	m i	j i	p o r
n e	j e	s o	t o r	M é	t á
j a	t e	e s	p a	x i	t i l t a
d e l	l ó n	p l á s	t i	c o	t a
f í n	v é r	t e	b r a	r r a l	r r ó

Agudas	Llanas	Esdrújulas
_____	_____	_____
_____	_____	_____
_____	_____	_____

Escribir: Un artículo

Escribe un artículo para informar sobre tres descubrimietos médicos. Marca con colores diferentes, las palabras agudas, llanas y esdrújulas en tu artículo.

Grado 4: Unidad 5 Ortografía y puntuación *(para usarse con las páginas 156 y 157 del libro del estudiante)*

Destreza: Los estudiantes aprenderán acerca de las palabras agudas, llamas y esdrújulas.

12 Palabras agudas

Hernán nos **llamó** por teléfono.
Compró un **balón** de fútbol.
Ojalá que sea del tamaño **oficial**.

A Fíjate en la palabra subrayada en cada oración. Si está mal escrita, escríbela correctamente. Sí está escrita correctamente, escribe *correcto*.

1. Ayer <u>practique</u> natación con mi primo. _____

2. Fuimos con mi <u>papá</u> a la piscina. _____

3. Mi hermano <u>mayór</u> nos acompañó. _____

4. Él <u>hablo</u> con mi entrenador sobre mis logras. _____

5. Dijo que <u>mejoraré</u> mi estilo si practico. _____

6. Así podré participar en el campeonato de la <u>ciudád</u>. _____

B 7 a 12. Encuentra en este artículo seis palabras agudas mal escritas. Usa las marcas de corrección para corregirlas.

Ejemplo: El partido se ~~transmitio~~ transmitió por la televisión.

Marcas de corrección	
¶	Sangrar/ Indicar párrafo
∧	Añadir
⌐	Eliminar
≡	Mayúscula
/	Minúscula

Corrige

Los equipos llegaron temprano al campo de

juego. Cada jugadór tenía la camiseta de su equipo.

El equipo locál llevaba una camiseta azúl con una franja amarilla.

Cuando nuestro equipo entro al campo, el público lo aplaudio

de pie. El árbitro llevaba el balón en la mano. Los equipos se

organizaron, y comenzo el partido.

(continúa)

Grado 4: Unidad 5   Ortografía y puntuación   *(para usarse con las páginas 158 y 159 del libro del estudiante)*

Destreza: Los estudiantes aprenderán las reglas para las palabras agudas.

CUADERNO DE PRÁCTICA 85

Nombre _____

12 Palabras agudas (continuación)

Desafío

Forma seis palabras agudas escogiendo una sílaba de cada columna. Escríbelas en los espacios en blanco.

1. lec   yer

2. a   tor

3. ten   zás

4. qui   paz

5. Ra   drá

6. ca   món

Ahora usa esas palabras para completar las siguientes oraciones.

1. En la escuela elegirán al mejor _____ .

2. _____ irá en representación de nuestra clase.

3. La maestra dijo que era un niño muy _____ .

4. _____ que leer tres cuentos.

5. Sus prácticas de lectura comenzaron _____ .

6. _____ nuestro compañero gane la competencia.

Escribir: Un letrero _____

Imagina que en la escuela habrá una competencia de atletismo. Dibuja un letrero para el evento invitando a que todos participen. Usa en el letrero al menos tres palabras agudas con acento escrito.

Grado 4: Unidad 5   Ortografía y puntuación *(para usarse con las páginas 158 y 159 del libro del estudiante)*

Destreza: Los estudiantes aprenderán las reglas para las palabras agudas.

Nombre _____

13 Palabras llanas

> Soledad es **una niña** muy **ágil** y **hábil**.
> **Ella** llegó a la **cima** de la **montaña**.
> Un **túnel** la **cruza** a gran **altura**.

A Elige en el paréntesis la palabra llana que está bien escrita para completar cada oración.

1. La _____ es una ciencia dedicada al estudio de las cosas antiguas.

   (arqueología, paleontologia)

2. No es _____ encontrar restos del pasado. **(fácil, interesánte)**

3. Un fragmento, aunque _____ , ayuda al arqueólogo.

   (diminúto, pequeño)

4. Los arqueólogos analizan la edad de un _____ con la prueba de

   carbono 14. **(fósil, résto)**

B **5 a 9.** Julián escribió una carta a Gastón, pero olvidó poner acento escrito a seis palabras llanas. Usa las marcas de corrección para corregir cada error.

Ejemplo: Será ~~facil~~ iniciar la excavación.
fácil

Marcas de corrección	
¶	Sangrar/ Indicar párrafo
∧	Añadir
ℛ	Eliminar
≡	Mayúscula
/	Minúscula

Corrige

Gastón:

Creo que será muy difícil encontrar un fosil alrededor del

arbol del antiguo pueblo. Hemos utilizado un equipo portatil que ha

resultado ser muy util y que ayuda a localizar restos antiguos, pero aún no

tenemos éxito. Perforamos, además, inútilmente un tunel que cruza de lado

a lado la base del pueblo. Más noticias pronto.

Tu amigo,
Julián

(continúa)

Grado 4: Unidad 5   Ortografía y puntuación   *(para usarse con las páginas 160 y 161 del libro del estudiante)*
Destreza: Los estudiantes aprenderán las reglas para las palabras llanas.

CUADERNO DE PRÁCTICA   **87**

13 Palabras llanas (continuación))

Desafío

Finalmente Julián tuvo éxito en su excavación arqueológica y encontró muchos restos. Subraya en la siguiente casilla solamente las palabras llanas. Úsalas luego para completar el crucigrama.

máscara	platos	flechas
cucharas	relojes	figuras
vasijas	baúl	cántaro
huesos	arcos	plástico

a
r
q
u
e
o
l
o
g
í
a

Escribir: Un informe

Imagina que eres Julián. Escribe un informe sobre el estado del avance de la excavación y los nuevos hallazgos. Usa palabras llanas en tu informe y escríbelas correctamente.

Grado 4: Unidad 5 Ortografía y puntuación *(para usarse con las páginas 160 y 161 del libro del estudiante)*

Destreza: Los estudiantes aprenderán las reglas para las palabras llanas.

Nombre _____

14 Palabras esdrújulas

> El **semáforo** de la esquina está malo.
> Por eso chocaron dos **automóviles**.
> Este **miércoles** lo repararán.

A Subraya las palabras esdrújulas de cada oración.

1. ¿Sabes qué ocurre al comerte un magnífico postre de leche?

2. Al masticarlo, en tu boca lo mezclas con un líquido llamado saliva.

3. Desde allí baja por el esófago hasta el estómago.

4. Ahí los músculos y los jugos gástricos lo transforman.

5. Algunas glándulas anexas, como el hígado y el páncreas, favorecen la digestión.

B 6 a 13. Daniela escribió un resumen sobre el esqueleto y los huesos. Ella olvidó poner el acento escrito a ocho palabras esdrújulas. Usa las marcas de corrección para corregir los errores.

Ejemplo: Los huesos son ~~importantisimos~~. importantísimos

Marcas de corrección	
¶	Sangrar/ Indicar párrafo
∧	Añadir
⌐	Eliminar
≡	Mayúscula
/	Minúscula

Corrige

El esqueleto humano está formado por muchos huesos.

Algunos protegen organos importantes, como la caja toraxica, que

protege a los pulmones, y las vertebras que protegen a la medula espinal.

En cada parte de nuestro cuerpo tenemos muchos huesos de

importancia. En el tronco tenemos la clavicula, las costillas y la columna

vertebral. En las extremidades superiores están el humero, el radio y el

cubito; en las extremidades inferiores tenemos el fémur, la rotula y el

peroné, por nombrar sólo algunos.

(continúa)

Grado 4: Unidad 5   Ortografía y puntuación   *(para usarse con las páginas 162 y 163 del libro del estudiante)*

Destreza: Los estudiantes aprenderán las reglas para las palabras esdrújulas.

14 Palabras esdrújulas *(continuación)*

Desafío

Osvaldo debe encontrar doce palabras esdrújulas en la sopa de letras. Ayúdalo a encontrarlas y escríbelas correctamente en las columnas de abajo.

```
h  j  i  o  k  f  l  p  t  d  s  s
m  á  q  u  i  n  a  á  d  f  r  t
á  g  u  i  l  a  m  r  d  v  u  e
v  g  p  á  ó  g  p  a  c  f  á  l
M  u  l  g  m  h  a  t  ó  k  d  é
é  s  á  z  e  n  r  e  m  í  e  f
x  w  s  h  t  i  a  t  o  h  p  o
i  g  t  k  r  o  ñ  p  d  o  ó  n
c  x  i  l  ó  f  o  n  o  g  s  o
o  y  c  s  s  w  q  s  v  i  i  p
f  m  o  s  ó  t  a  n  o  y  t  b
s  á  M  r  s  t  í  t  u  l  o  f
```

_____   _____   _____

_____   _____   _____

_____   _____   _____

_____   _____   _____

Escribir: Un receta

DESCRIBIR

Imagina que eres médico. Debes entregar a un paciente un certificado describiendo la enfermedad que padece y los cuidados que necesita. Usa palabras esdrújulas en el certificado.

Grado 4: Unidad 5 Ortografía y puntuación *(para usarse con las páginas 162 y 163 del libro del estudiante)*
Destreza: Los estudiantes aprenderán las reglas para las palabras esdrújulas.

15 Diéresis: gue, gui, güe, güi

Me disfracé de **pingüino**.
Mi primo se disfrazó de **águila**.

A Lee la palabra subrayada en cada oración. Si está mal escrita, corrígela. Si está bien escrita, escribe *correcta*.

1. Ayer encontré un sobre junto al <u>paraguero</u> de mamá. _____

2. Era una invitación para ir a un <u>albergue</u> en la montaña. _____

3. Desde allí observaré el vuelo de las <u>águilas</u>. _____

4. Recorriendo el bosque podríamos encontrar pequeñas <u>zarigueyas</u>. _____

5. Estos animales parecen ratones y viven en <u>madrigüeras</u>. _____

6. Luego <u>següiríamos</u> nuestro recorrido hacia el lago. _____

7. Dicen que en la orilla, hay nidos de <u>cigüeñas</u>. _____

B **8 a 12.** Esta invitación tiene cinco palabras a las que les falta la diéresis o la tienen mal puesta. Usa las marcas de corrección para corregir los errores.

Averigüemos
Ejemplo: ~~Averiguemos~~ si pueden ayudarnos.
          ^

Corrige

El comité nicaraguense tiene el agrado de invitar a la

distingüida comunidad de jóvenes a participar en una

campaña destinada a consegüir fondos para ayudar al

albergüe de animales de nuestra comunidad. El único requisito es hablar

español e inglés, es decir, ser bilingue. Te esperamos este viernes a las

19 horas para una reunión informativa.

Marcas de corrección	
¶	Sangrar/ Indicar párrafo
∧	Añadir
⤲	Eliminar
≡	Mayúscula
/	Minúscula

(continúa)

Grado 4: Unidad 5 Ortografía y puntuación *(para usarse con las páginas 164 y 165 del libro del estudiante)*
Destreza: Los estudiantes aprenderán las reglas para el uso de la diéresis.

CUADERNO DE PRÁCTICA 91

Nombre _____

15 Diéresis: gue, gui, güe, güi *(continuación)*

Desafío

Esteban visitó un zoológico y los animales que más le gustaron fueron seis. Lee las pistas y anota los nombres de los animales en el crucigrama.

VERTICALES

1. Ave que aparece en una moneda de 25 centavos.

2. Pez parecido a una serpiente. Rima con *fila*.

3. Ave que no vuela y que viste de etiqueta.

HORIZONTALES

4. Ave de patas largas. Rima con *leña*.

5. Animal de cola prensil parecido a un ratón. Comienza con la última letra del alfabeto.

6. Felino que corre velozmente.

Ahora usa las palabras que tienen diéresis para escribir una oración con cada una de ellas.

1. _____

2. _____

3. _____

Escribir: Un anuncio _____ CREAR

Eres publicista y tienes que crear un anuncio para el albergue de animales. Usa tres palabras con diéresis.

Grado 4: Unidad 5 Ortografía y puntuación *(para usarse con las páginas 164 y 165 del libro del estudiante)*

Destreza: Los estudiantes aprenderán las reglas para el uso de la diéresis.

Nombre _____

1 ¿Qué son los pronombres?

Sustantivos	Pronombres
Lina quiere ayudar.	**Ella** quiere ayudar.
Mateo limpia el **parque** y las **calles**.	Mateo **los** limpia.

Escribe los pronombres de estas oraciones. Luego escribe las palabras que corresponden a esos pronombres.

1. —Nosotros debemos pensar en una manera de reciclar la basura —le dijo Lina a Mateo.

   _____

2. Lina le dijo a Mateo que era posible usar algunas cosas de nuevo.

   _____

3. Dora y Adán recogieron botellas. Mateo quería ayudarlos.

   _____

4. Lina quería ayudar también. Entonces ella tuvo una idea.

   _____

5. —Yo he guardado algunos periódicos —dijo Lina. Ahora Lina quería reciclarlos.

   _____

6. —Hay que sacar los periódicos. ¿Me podrías ayudar? —le dijo Lina a Mateo.

   _____

7. Ahora un camión se lleva los periódicos. El pueblo lo compró hace un mes.

   _____

8. —Nosotros también debemos limpiar el parque —dijeron Mateo y Lina.

   _____

9. Mateo empezó a recoger los papeles del suelo. Lina lo ayudó.

   _____

10. Por fin Mateo y Lina terminaron el trabajo. Ellos estaban contentos y cansados.

    _____

(continúa)

Grado 4: Unidad 6 Pronombres *(para usarse con las páginas 182 y 183 del libro del estudiante)*
Destreza: Los estudiantes identificarán formas del pronombre usadas en función de sujeto y de complemento junto con los sustantivos que sustituyen.

CUADERNO DE PRÁCTICA 93

1 ¿Qué son los pronombres? *(continuación)*

Desafío

Aquí tienes cuatro letreros sobre la recogida de basura. A cada letrero le falta un pronombre. Escribe los pronombres correctos en los letreros.

¡BASURA!

Por favor, pónga___ donde corresponde.

¿PERIÓDICOS ATRASADOS? Tráiga___ al centro de reciclaje.

¡PARQUE LIMPIO! Hagamos que el parque brille para todos ___.

Raquel Sabater sabe qué hacer. ___ devuelve las botellas.

En otra hoja de papel, dibuja dos letreros sobre la recogida de basura. En cada letrero, escribe una oración que tenga un pronombre.

Escribir: Un discurso EXPLICAR

Eres candidato o candidata para la alcaldía de tu ciudad. Tienes una idea para resolver el problema de la basura de la ciudad. Escribe un discurso sobre tu idea. Usa por lo menos cinco pronombres en tu discurso.

94 CUADERNO DE PRÁCTICA

Grado 4: Unidad 6 Pronombres *(para usarse con las páginas 182 y 183 del libro del estudiante)*

Destreza: Los estudiantes usarán correctamente formas del pronombre usadas en función de sujeto y de complemento.

Nombre _____

2 Forma de sujeto

Sustantivos	Pronombres
<u>Simón</u> toca en la banda.	**Él** toca en la banda.
<u>Raquel</u> también está en la banda.	**Ella** también está en la banda.
<u>Simón y Raquel</u> practican juntos.	**Ellos** practican juntos.

A Escribe la forma de sujeto de cada oración.

1. Nosotros tocamos en el salón de música todos los días después de clases. _____

2. Yo toco la trompeta en la banda. _____

3. ¿Saben tocar la trompeta ustedes? _____

4. ¿Ha tocado ella alguna vez en una banda? _____

5. Nosotros tocaremos en el baile del pueblo la próxima semana. _____

6. Él fue invitado a tocar en el festival. _____

7. Ella y la Sra. Fernández habían escuchado a la banda en el juego de fútbol. _____

8. Ellas estarán felices de escuchar a la banda nuevamente. _____

B 9 a 12. Escribe cada oración. Reemplaza la palabra o palabras subrayadas por el pronombre en forma de sujeto que corresponda.

9. <u>Los músicos</u> deben aprender a tocar las notas correctas.

_____

10. <u>Jorge</u> puede tocar notas muy altas en la flauta.

_____

11. <u>Raquel</u> aprendió a tocar la batería.

_____

12. <u>Raquel y yo</u> seguimos el ritmo de la banda.

_____

(continúa)

Grado 4: Unidad 6 Pronombres *(para usarse con las páginas 184 y 185 del libro del estudiante)*
Destreza: Los estudiantes identificarán y escribirán formas de pronombre usadas en función de sujeto.

CUADERNO DE PRÁCTICA 95

2 Forma de sujeto *(continuación)*

Desafío

En los siguientes dibujos se ve a los músicos pensando en la música y los instrumentos que están tocando. Primero, escribe una forma de sujeto diferente en cada globo. Luego, en otra hoja, escribe una oración que cuente lo que está pensando cada músico. Comienza cada oración con la forma de sujeto que aparece en el globo.

1.

3.

2.

4.

Escribir: Un diario

DESCRIBIR

Imagina que has inventado un nuevo instrumento musical llamado zoomófono. Escribe en tu diario seis oraciones sobre las personas que saben tocar este instrumento. Por ejemplo, puedes describir la primera vez que tocaste el zoomófono en una banda. Usa una forma de sujeto en cada oración.

Grado 4: Unidad 6   Pronombres   *(para usarse con las páginas 184 y 185 del libro del estudiante)*

Destreza: Los estudiantes escribirán oraciones usando formas de pronombre en función de sujeto.

Nombre _____

3 Forma de complemento directo

Sustantivos	Pronombres
Yo busco <u>libros</u>.	Yo **los** busco.
Yo uso <u>mi computadora</u>.	Yo **la** uso.

A Escribe el pronombre usado en función de complemento directo.

1. María tiene una computadora nueva. La usa
   para estudiar.   _____

2. Se la pedí para terminar un informe.   _____

3. De esa manera lo pude concluir en poco tiempo.   _____

4. Mañana por la tarde se la devolveré.   _____

5. El maestro me llamó para corregir mi trabajo.   _____

6. Lo escuché con atención mientras corregía.   _____

B 7 a 12. El complemento directo está subrayado en cada oración. Vuelve a escribir
la oración cambiando el complemento directo por el pronombre correspondiente.

7. Julia aprenderá <u>el uso de la computadora</u>.

   _____

8. Ella tendrá <u>clases</u> casi todas las mañanas.

   _____

9. El maestro preparó <u>varias sesiones de trabajo</u> para sus estudiantes.

   _____

10. Julia estudiará <u>las lecciones</u> con mucho interés.

    _____

11. Ella hará <u>casi todas sus tareas</u> en la computadora.

    _____

12. El maestro de Julia revisará <u>los trabajos</u>.

    _____

(continúa)

Grado 4: Unidad 6   Pronombres   *(para usarse con las páginas 186 y 187 del libro del estudiante)*
Destreza: Los estudiantes aprenderán a identificar y a usar formas de pronombre en función de complemento directo.

CUADERNO DE PRÁCTICA **97**

Nombre_____

3 Forma de complemento directo *(continuación)*

Desafío

Observa los siguientes dibujos. Ellos muestran los cuatro pasos para escribir y publicar un libro.

1.

_____

_____

3.

_____

_____

2.

_____

_____

4.

_____

_____

Las cuatro oraciones de abajo describen lo que sucede en los dibujos. Escribe cada oración reemplazando el complemento directo por el pronombre correspondiente.

> Laura Méndez escribe un libro.
>
> El editor recibe el libro de manos de Laura.
>
> El editor corrige los errores.
>
> Finalmente, imprimen el libro.

Escribir: Un informe

DESCRIBIR

Imagina que debes hacer un proyecto con tus amigos o con tu familia. Escribe una breve descripción sobre ese proyecto. Usa seis formas de complemento directo.

Grado 4: Unidad 6   Pronombres   *(para usarse con las páginas 186 y 187 del libro del estudiante)*

Destreza: Los estudiantes aprenderán a identificar y a usar formas de pronombre en función de complemento directo.

4 Forma de complemento indirecto

Sustantivos	Pronombres
Llevé unos juguetes <u>a Camila</u>.	**Le** llevé unos juguetes.
Compré un rompecabezas <u>para Alejandra y Ana</u>.	**Les** compré un rompecabezas.

A En las siguientes oraciones el complemento indirecto está subrayado. Escribe las oraciones con el pronombre que corresponda.

1. Dieron <u>a Pedro</u> unas entradas para el parque de diversiones.

_____

2. Pedro regalará algunas <u>a sus amigos</u>.

_____

3. Trajo también una entrada <u>para mí</u>.

_____

4. Pedro compró palomitas de maíz <u>para todos nosotros</u>.

_____

5. Yo agradecí <u>a Pedro</u> su generoso gesto.

_____

B 6 a 10. Completa las oraciones con el pronombre del paréntesis que corresponda.

6. Pedro y yo tomábamos fotos. _____ tomamos una junto a la montaña rusa. (Nos, Os)

7. Un visitante ofreció tomarnos una foto. _____ pedimos una con nuestros amigos. (Te, Le)

8. Yo deseaba salir sola en alguna. Pedro _____ tomó una foto junto a la rueda de Chicago. (me, te)

9. Todos deseábamos llevar un regalo a nuestras madres. _____ compramos monederos. (Les, Nos)

10. Pedro _____ compró adornos a su hermanita. (le, te)

(continúa)

Grado 4: Unidad 6 Pronombres *(para usarse con las páginas 188 y 189 del libro del estudiante)*
Destreza: Los estudiantes identificarán y usarán formas de pronombre usadas en función de complemento indirecto.

CUADERNO DE PRÁCTICA 99

4 Forma de complemento indirecto *(continuación)*

Desafío

Mabel debe completar un crucigrama y le dieron como pistas oraciones con el pronombre subrayado. Ayúdala a completarlo con el sustantivo que fue reemplazado por el pronombre.

Verticales

1. Papá habló con los médicos.
   Les pidió un diagnóstico.

2. Regaló a su hermano una pelota.
   Le dio una de fútbol.

3. Prometieron ayuda al campesino.
   Le llevaron agua.

Horizontales

4. Pidieron a los extranjeros una identificación. Les pidieron el pasaporte.

5. Ofreció dulces a los niños.
   Les dio chocolates.

6. José y su hermana alimentan a su canario. Le dan semillas.

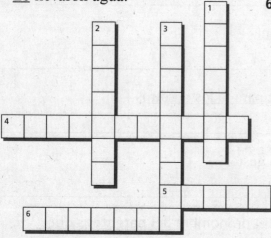

Ahora escribe dos pares de oraciones. La primera oración debe incluir un sustantivo como complemento indirecto. La segunda oración debe incluir un pronombre que reemplace al sustantivo.

1. _____

2. _____

Escribir: Un relato

DESCRIBIR

Escribe un relato sobre un parque de diversiones. Describe los lugares que visitaste junto a tus amigos o familiares. Usa formas de complemento indirecto en tus oraciones.

Grado 4: Unidad 6 Pronombres *(para usarse con las páginas 188 y 189 del libro del estudiante)*
Destreza: Los estudiantes identificarán y usarán formas de pronombre usadas en función de complemento indirecto.

5 Forma con preposiciones

> Leonardo, ven **conmigo** al cine.
>
> Llegando allá compraré las entradas **contigo**.
>
> **A mí** me gustaría ver una película romántica.

A Lee las oraciones. Complétalas con la forma correcta del pronombre que está entre paréntesis.

1. Mis papás fueron _____ al centro comercial. (con mí, conmigo)

2. Ellos compraron un regalo para _____ . (mí, yo)

3. Mamá compró para _____ un sombrero. (ella, se)

4. Papá no se compró nada para _____ . (ella, él)

5. Papá nos preguntó: —¿Quieren ver una película _____ ? (con yo, conmigo)

6. —¿Qué te gustaría ver a _____ ? —preguntó Papá a Mamá. (ti, ella)

7. Para _____ estará bien cualquier película. (yo, mí)

B 8 a 12. En la oficina de información del centro comercial, hay un libro para los comentarios de los visitantes. Las siguientes anotaciones contienen seis errores en los pronombres que llevan una preposición. Usa las marcas de corrección para corregirlos.

Ejemplo: Para yo la atención es muy buena. ¡Los felicito!

Corrige

Marcas de corrección	
¶	Sangrar/ Indicar párrafo
∧	Añadir
ℓ	Eliminar
≡	Mayúscula
/	Minúscula

• En momentos en que mi hija necesitaba ayuda,

pude contar con tú.

• Para nos que somos turistas, la atención es maravillosa.

• Gracias a las sillas de ruedas que tienen, mi abuela estuvo

con yo en todo momento.

• Mi padre se accidentó. Para le y para mi madre fue un alivio recibir

ayuda. Para yo es como tener un hospital aquí. ¡Gracias!

(continúa)

Grado 4: Unidad 6 Pronombres *(para usarse con las páginas 190 y 191 del libro del estudiante)*

Destreza: Los estudiantes aprenderán a usar formas correctas de pronombres en frases preposicionales.

CUADERNO DE PRÁCTICA 101

Nombre _____

5 Forma con preposiciones *(continuación)*

Desafío

Completa este poema con la forma preposicional que le corresponda indicada entre paréntesis. Subraya la forma preposicional que escribiste.

Mamá salió de compras _____ . (con yo, conmigo)

Buscaba algo _____ . (para ti, para tú)

Allí consultó a sus amigos

y compró lo que me gustó _____ . (a yo, a mí)

Ya teníamos tu regalo,

Papá, un hermoso abrigo.

Salíamos con él en la mano

y nos encontramos _____ . (contigo, con tú)

Ahora usa las formas preposicionales que subrayaste y completa estas oraciones.

1. _____ me gusta más hacer algo original y útil, aunque me

cueste más trabajo, cuando se trata de conseguir un regalo

_____ .

2. Desde que naciste quería compartir _____ . Espero que

cuando seas tú mayor, también quieras compartir tus alegrías y sueños

_____ .

Escribir: Un artículo _____

Eres un periodista. Debes escribir un artículo sobre la construcción de un nuevo centro comercial en tu vecindario. Escribe seis oraciones usando formas con preposiciones.

Grado 4: Unidad 6 Pronombres *(para usarse con las páginas 190 y 191 del libro del estudiante)*

Destreza: Los estudiantes aprenderán a usar formas correctas de pronombres en frases preposicionales.

Escribir con pronombres

Pronombre confuso	El Sr. Navarro sonrió mientras Javier entraba al ascensor. <u>Él</u> oprimió el botón para cerrar la puerta.
Pronombre reemplazado por el sustantivo	El Sr. Navarro sonrió mientras Javier entraba al ascensor. **El Sr. Navarro** oprimió el botón para cerrar la puerta.

Escribir con claridad usando pronombres 1 a 5. Vuelve a escribir las oraciones de este cuento. Reemplaza los pronombres subrayados por sustantivos.

Revisa

Daniela Ratonil vive en el campo. Un día, Daniela viajó a la ciudad a visitar a su prima, Ana Ratonil. Ana llevó a Daniela al edificio más alto de la ciudad. <u>Ella</u> nunca había visto algo así. Desde la torre de observación, Ana y Daniela observaban las casas y las luces abajo. Parecía que <u>ellas</u> podían ver a millas de distancia. Ana colocó una moneda en el telescopio. Luego, lo dirigió hacia un edificio de apartamentos que estaba al otro lado de un parque. —¡Ahí vivo yo! —dijo <u>ella</u> a su prima. Ana pasaba de una ventana a otra, tratando de ver todo, pero la altura mareó a Daniela. <u>Ella</u> solamente deseaba pisar suelo firme de nuevo.

Al día siguiente, <u>ella</u> fue a la estación de trenes con Daniela. —¡Vuelve luego! —dijo Ana, mientras el tren dejaba la estación.

1. _____

_____

2. _____

_____

3. _____

_____

4. _____

_____

5. _____

(continúa)

Grado 4: Unidad 6 Pronombres *(para usarse con las páginas 192 y 193 del libro del estudiante)*

Destreza: Los estudiantes reemplazarán pronombres por sustantivos para clarificar oraciones.

CUADERNO DE PRÁCTICA 103

Nombre _____

Escribir con pronombres *(continuación)*

Dos oraciones	El cartero tocó el timbre. El cartero venía a entregar un paquete.
Oración combinada	El cartero tocó el timbre **porque** venía a entregar un paquete.

Revisa

Combinar oraciones 6 a 10. Vuelve a escribir estos pies de foto de un artículo del periódico *Ratinuevas* sobre el viaje de Daniela. Reemplaza el sujeto de la oración subrayada por un pronombre. Combina las oraciones usando la palabra del paréntesis. PISTA: A veces tendrás que cambiar el verbo.

6. Daniela Ratonil fue a la ciudad. Daniela Ratonil fue invitada por su prima. (porque)

_____

_____

7. El ascensor hace muchos viajes todos los días. El ascensor transporta a los visitantes a la azotea de un alto edificio. (ya que)

_____

_____

8. Daniela se sintió mareada. Daniela miró abajo. (cuando)

_____

_____

9. Daniela y Ana regresaron a casa. Daniela y Ana habían visto la ciudad. (después de)

_____

_____

10. Daniela abrazó a Ana. Daniela dijo adiós. (antes)

_____

_____

Grado 4: Unidad 6 Pronombres *(para usarse con las páginas 192 y 193 del libro del estudiante)*

Destreza: Los estudiantes combinarán oraciones con pronombres.

1 ¿Qué es un adverbio?

Dónde	Jugábamos **afuera**. Jaime iba **delante**.
Cómo	Jaime lanzó la pelota **fuertemente**. Yo corrí **rápido**.
Cuándo	**Finalmente**, atrapé la pelota. **Luego** sentí un dolor en el pie.

A Escribe los adverbios. Clasifícalos *cómo*, *cuándo* o *dónde*.

1. El pie me dolía fuertemente. _____

2. Mi madre llamó rápidamente al doctor. _____

3. El Dr. López enseguida contestó el teléfono. _____

4. Trabaja cerca del centro de la ciudad. _____

5. Mi madre me llevó allí. _____

6. Una enfermera me atendió dentro de la clínica. _____

7. Luego ella me trajo una silla de ruedas. _____

8. Tomamos el ascensor para subir un piso más arriba. _____

9. Después, la enfermera me tomó la temperatura. _____

10. El Dr. López me examinó lentamente. _____

B Subraya los adverbios. Escribe el verbo que describen.

11. El doctor López a menudo hace preguntas importantes. _____

12. Siempre escucha los latidos de mi corazón. _____

13. Respiro lentamente, como me pide el doctor. _____

14. Me movió el pie suavemente. _____

15. El doctor López finalmente me hizo una radiografía del pie. _____

16. En la radiografía se veía claramente un hueso roto. _____

17. Hábilmente me enyesó el pie. _____

18. Caminé torpemente unas semanas con un par de muletas. _____

(continúa)

Grado 4: Unidad 7 Adverbios, preposiciones y conjunciones *(para usarse con las páginas 202 y 203 del libro del estudiante)*
Destreza: Los estudiantes identificarán adverbios y los verbos que modifican.

CUADERNO DE PRÁCTICA 105

Nombre _____

1 ¿Qué es un adverbio? *(continuación)*

Desafío

Tomás Gutiérrez es un personaje de un libro que siempre habla de una manera especial. Lee los dos ejemplos de las oraciones de Tomás. Observa que la manera en que Tomás dice algo siempre concuerda con la idea de la oración. Ahora completa las siguientes oraciones de Tomás, usando los adverbios de la lista de la casilla.

Ejemplos: No <u>estoy nervioso</u> —dijo Tomás **tranquilamente**.

Tomás dijo **inteligentemente**: —<u>Saqué la nota más alta en el examen</u>.

agriamente	firmemente	tajantemente	cortesmente	finalmente
torpemente	apresuradamente	brillantemente	llanamente	pacientemente

1. —Enciende la luz —dijo Tomás _____.

2. —Por favor, dame los guantes y el abrigo —dijo Tomás _____.

3. —Vas a demasiada velocidad —dijo Tomás _____.

4. —Estas tijeras cortarán hasta el fin —dijo Tomás _____.

5. —Tomás dijo _____: —Me estás estrujando el brazo.

6. —Voy al médico —dijo Tomás _____.

7. —¿Le vas a sacar punta a mi lápiz? —preguntó Tomás _____.

8. —Tomás dijo _____: —No te tropieces con el cubo.

9. —Tengo que planchar una camisa —dijo Tomás _____.

10. —¿Los pepinillos son tu aperitivo preferido? —preguntó Tomás _____.

En una hoja aparte, escribe otras tres oraciones que pudiera decir Tomás.

Escribir: Instrucciones

Eres doctor o doctora, y uno de tus pacientes te ha preguntado cómo mantenerse en buena salud. Escribe seis oraciones que le digan a tu paciente cómo mantenerse saludable. Usa un adverbio en cada oración.

Grado 4: Unidad 7 Adverbios, preposiciones y conjunciones *(para usarse con las páginas 202 y 203 del libro del estudiante)*
Destreza: Los estudiantes usarán adverbios en oraciones.

Nombre _____

Escribir con adverbios

> Bernardo exhibió su colección de monedas.
>
> Bernardo exhibió **finalmente** su colección de monedas.
>
> **Finalmente,** Bernardo exhibió su colección de monedas.
>
> Bernardo exhibió su colección de monedas **finalmente**.

Ampliar oraciones 1 a 8. Vuelve a escribir este párrafo de un periódico escolar. Amplía cada oración con un adverbio. Usa los adverbios del cuadro u otros que prefieras.

| ayer | orgullosamente | ordenadamente | ahora |
| siempre | antes | finalmente | cuidadosamente |

Revisa

Mi hermano Pedro quería ser coleccionista. Había comenzado muchas colecciones, pero luego perdía interés en ellas. Ha encontrado algo entretenido. Él colecciona arena de diferentes lugares. Pedro coloca cada saquito de arena en un frasco de vidrio. Rotula cada frasco con el nombre del lugar donde encontró la arena. Él muestra su colección a todos los que se interesan. Me mostró su última adquisición, que es arena negra de Italia.

_____
_____
_____
_____
_____
_____
_____
_____
_____

(continúa)

Grado 4: Unidad 7   Adverbios, preposiciones y conjunciones   *(para usarse con las páginas 204 y 205 del libro del estudiante)*

Destreza: Los estudiantes ampliarán oraciones usando adverbios.

CUADERNO DE PRÁCTICA   107

Nombre _____

Escribir con adverbios *(continuación)*

Dos oraciones	Mis amigos y yo montamos nuestras bicicletas. Las montamos frecuentemente.
Oración combinada	Mis amigos y yo montamos **frecuentemente** nuestras bicicletas.

Combinar oraciones 9 a 14. Vuelve a escribir esta anotación de diario. Para combinar cada par de oraciones relacionadas, pon un adverbio de la segunda oración en la primera.

Revisa

Me caí de la bicicleta. Me caí hoy. Papá llamó al doctor. Él llamó rápidamente.
El doctor dijo: "Vengan a mi oficina". Él dijo: "Vengan inmediatamente".
El Dr. Pérez me examinó. Él me examinó cuidadosamente. Mi pie se había torcido, pero no estaba quebrado. Se había torcido mucho. Salí cojeando de la oficina. Salí cojeando lentamente.

_____

_____

_____

_____

_____

_____

_____

_____

Grado 4: Unidad 7   Adverbios, preposiciones y conjunciones   *(para usarse con las páginas 204 y 205 del libro del estudiante)*

Destreza: Los estudiantes combinarán oraciones cambiando un adverbio de una oración a otra.

2 ¿Qué es una preposición?

Preposiciones comunes					
a	con	desde	entre	para	sin
ante	contra	durante	hacia	por	sobre
bajo	de	en	hasta	según	tras

Escribe cada oración. Subraya la frase preposicional una vez y la preposición dos veces.

1. Esta mañana estuve despierto desde el amanecer.

_____

2. Escuché un fuerte sonido en la calle.

_____

3. Dos hombres descargaban una gran caja desde un camión repartidor.

_____

4. De repente, una caja salió volando por los aires y cayó estrepitosamente.

_____

5. ¡Había claramente algo vivo en la caja!

_____

6. Entonces, Papá me llamó y bajé corriendo por la escalera.

_____

7. Papá preguntó: "¿Compraste algo por la Internet?"

_____

8. De repente, recordé lo que había hecho ayer en mi tiempo libre.

_____

9. Corrí rápidamente y busqué en la caja.

_____

10. El pequeño león que había pedido estaba escondido bajo la paja.

_____

(continúa)

Grado 4: Unidad 7   Adverbios, preposiciones y conjunciones   *(para usarse con las páginas 206 y 207 del libro del estudiante)*
Destreza: Los estudiantes identificarán preposiciones y frases preposicionales.

CUADERNO
DE PRÁCTICA

109

Nombre _____

2 ¿Qué es una preposición? *(continuación)*

Desafío

Observa el dibujo y escribe una preposición para completar cada oración.

1. Hay un cartón de leche _____ la bandeja superior.

2. Las botellas y las conservas caben justo _____ la puerta del refrigerador.

3. Dos recipientes _____ las bandejas mantienen las frutas y verduras frescas.

4. El compartimiento para la mantequilla está _____ las botellas y las conservas.

5. Hay algunas peras _____ el queso.

6. El frasco _____ mayonesa es nuevo.

7. El jugo está _____ la leche.

8. Leonor preparó la cena _____ toda la familia.

9. Comeremos pollo _____ salsa de crema.

10. ¿Quién raspó el glaseado que había _____ el pastel?

Escribir: Un receta _____

Escribe las instrucciones para preparar tu receta favorita. Usa al menos cinco frases preposicionales en tus instrucciones.

Grado 4: Unidad 7   Adverbios, preposiciones y conjunciones   *(para usarse con las páginas 206 y 207 del libro del estudiante)*
Destreza: Los estudiantes escribirán preposiciones para completar oraciones.

3 Conjunciones

Estaré mañana en la visita, **porque** sé que es importante.
Berta y Daniel también irán, **pero** llegarán más tarde.

A Subraya la conjunción de cada oración.

1. Todos hemos tenido en nuestras manos un billete o una moneda.

2. Cuando supe de la visita a una casa de monedas, me alegré mucho.

3. Conocía los billetes, pero no sabía cómo se hacen.

4. En esta fábrica se acuñan monedas e imprimen billetes.

5. Antes las monedas eran de oro o plata; ahora son de otros metales.

6. Los billetes son difíciles de falsificar, pues tienen detalles que sólo se ven al trasluz.

B Elige del paréntesis la conjunción que corresponda para completar cada oración.

7. Jaime tiene una colección de monedas _____ billetes. **(y, o)**

8. Los colecciona _____ le gustan mucho. **(aunque, porque)**

9. Inició su colección _____ vio unos billetes de su abuelo. **(cuando, si)**

10. Su colección tiene pocas monedas, _____ espera tener más. **(y, pero)**

11. _____ colecciona billetes extranjeros, también tiene nacionales. **(Porque, Aunque)**

12. Al llegar de sus viajes, su padre siempre le trae billetes _____ monedas para su colección. **(o, e)**

(continúa)

Grado 4: Unidad 7   Adverbios, preposiciones y conjunciones *(para usarse con las páginas 208 y 209 del libro del estudiante)*
Destreza: Los estudiantes aprenderán a identificar conjunciones.

CUADERNO DE PRÁCTICA 111

Nombre _____

3 Conjunciones (continuación)

Desafío

Encuentra la palabra de la casilla que completa cada oración. Úsalas para completar el crucigrama.

aunque	porque	ni	pero	e
cuando	sino	que	si	o

1. René _____ Iván se dirigen a un museo.

2. No van a un museo de arte, _____ a uno de numismática.

3. Irán _____ deben escribir un trabajo.

4. No saben _____ podrán encontrar toda la información.

5. Ni René _____ Iván han visto monedas antiguas.

6. René dijo _____ no le gustaban las monedas de formas extrañas.

7. _____ no las vio todas, a Iván le agradaron las de oro.

8. Ellos volverán mañana, _____ con más tiempo.

9. _____ vuelvan, llevarán un cuaderno para dibujarlas.

10. Cada uno dibujará dos _____ tres monedas distintas.

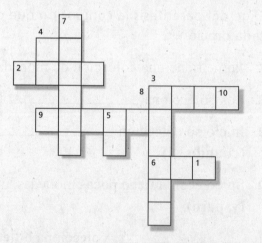

Escribir: Un letrero ————————————————— CREAR

Imagina que en tu escuela se realizará una exposición de billetes y monedas. Crea un letrero para promoverla. Usa cuatro conjunciones en tu letrero. Puedes completar el letrero con dibujos.

Grado 4: Unidad 7   Adverbios, preposiciones y conjunciones   *(para usarse con las páginas 208 y 209 del libro del estudiante)*
Destreza: Los estudiantes aprenderán a identificar conjunciones.

Nombre _____

Escribir con preposiciones y conjunciones

Sin frase preposicional	Los conejos mordisquean el pasto.
Con frase preposicional	Los conejos mordisquean el pasto **en la pradera.**

Ampliar oraciones 1 a 8. Vuelve a escribir el párrafo. Amplía cada oración con una frase preposicional del cuadro o inventa otras.

en un gran montón	para los patos	con el cálido clima
bajo los árboles	con alegría	por la mañana
hasta el parque	de cuello largo	al cisne

Revisa

Todos estábamos entusiasmados. Jugamos al aire libre. Montamos nuestras bicicletas. Mamá trajo una bolsa de maíz y alpiste. El hermoso cisne blanco nadó hacia nosotros. Lancé un poco de maíz. Observamos cómo correteaban las ardillas. Juntamos hojas y saltamos sobre ellas.

_____

_____

_____

_____

_____

_____

_____

_____

_____

(continúa)

Grado 4: Unidad 7   Adverbios, preposiciones y conjunciones   *(para usarse con las páginas 210 y 211 del libro del estudiante)*

Destreza: Los estudiantes ampliarán oraciones añadiendo frases preposicionales.

Escribir con preposiciones y conjunciones *(continuación)*

Dos oraciones	Los patinadores se deslizan elegantemente. Ellos se deslizan sobre el hielo. Les encanta hacer figuras sobre la pista. Tienen cuidado de no hacer daño a nadie
Oración combinada	Los patinadores se deslizan elegantemente sobre el hielo. Les encanta hacer figuras sobre la pista, pero tienen cuidado de no hacer daño a nadie.

Combinar oraciones 9 a 14. Vuelve a escribir este segmento de una reseña de una competencia de patinaje sobre hielo. Combina cada par de oraciones subrayadas cambiando de sitio una frase preposicional o usando una conjunción.

Revisa

Gina patinaba confiadamente. Ella patinaba sobre la pista. Su colorido traje resplandecía con las luces. Se escuchaba el eco de una hermosa pieza musical. Se escuchaba en todo el lugar. Ella dio fantásticas piruetas y saltos delante del público. Ella quedó muy cansada. El público aplaudió espontáneamente. El público aplaudió cuando terminó su número. Gina se emocionó. Ella saludó alegremente a sus admiradores.

_____
_____
_____
_____
_____
_____
_____
_____
_____
_____

Grado 4: Unidad 7   Adverbios, preposiciones y conjunciones   *(para usarse con las páginas 210 y 211 del libro del estudiante)*
Destreza: Los estudiantes combinarán oraciones cambiando de sitio una frase preposicional o usando una conjunción.

Las oraciones secundarias

Un párrafo que cuenta un relato o un cuento es un **párrafo narrativo**. A menudo tiene una oración que presenta el tema, varias oraciones secundarias y una oración final. Las **oraciones secundarias** apoyan la idea principal ofreciendo detalles sobre ella. Generalmentre responden a una o más de las siguientes preguntas: ¿Quién? ¿Qué? ¿Dónde? ¿Cuándo? ¿Por qué? ¿Cómo?

Completa el párrafo narrativo acerca del siguiente dibujo. Lee la oración que presenta el tema. Después, encuentra detalles en el dibujo para apoyar la idea principal de la oración que presenta el tema. Luego, escribe tres oraciones secundarias usando los detalles.

Ayer fue un día tan hermoso que yo estaba decidido a jugar todos los juegos.

_____

_____

_____

_____

_____

_____

_____

_____

_____

_____

_____

Yo estaba cansado, pero ¡sí que me divertí!

Grado 4: Sección 1   Narrar y entretener   *(para usarse con las páginas 227 a 231 del libro del estudiante)*

Destreza: Los estudiantes completarán un párrafo narrativo con oraciones secundarias.

Nombre_____

Organizar tu narración

El día que se salió el agua del lavaplatos
2 espuma y agua por todas partes
1 puse el jabón y lo prendí
~~me regalaron un hámster ese día~~
3 el plomero tuvo que venir urgentemente

A continuación tienes subrayados tres sucesos para una narración personal. Enumera cada suceso con 1, 2 ó 3 para indicar el orden en que ocurrió. Tacha los detalles que no se relacionen con el tema. Luego, ordena los sucesos principales y los detalles en el cuadro siguiente.

Tema: trineo en verano en Canyon Lake

Suceso ____

trineo en una caja

subir una duna de arena

Kira se desliza en la caja.

Mañana quiero ir a nadar.

¡Lo intenté!

Suceso ____

planear el viaje en trineo

pleno verano

Kira es mi prima favorita.

Hace falta nieve para deslizarse en trineo.

Kira dijo: —Espera y verás.

Suceso ____

llegada a Canyon Lake

altas dunas de arena alrededor del lago

parada en el pueblo para poner gasolina

la caja grande de Kira

subida a las dunas

Tema	Sucesos principales	Detalles
	1.	
	2.	
	3.	

Grado 4: Unidad 8 Narración personal *(para usarse con la página 243 del libro del estudiante)*

Destreza: Los estudiantes ordenarán los sucesos principales y seleccionarán los detalles de desarrollo para cada suceso.

Nombre _____

Buenos comienzos

Comienzo débil	Comienzo fuertes		
Todas las mañanas muy temprano saco a pasear a mi perro.	**Pregunta**	**Declaración sorprendente**	**Diálogo**
	¿Qué te levanta de la cama más rápido que un reloj despertador?	A menudo me pregunto por las mañanas quién saca a pasear a quién: si yo a mi perro o él a mí.	—¡Deja que me amarre los zapatos! —le supliqué.

Las siguientes narraciones necesitan un comienzo. Primero, lee el relato. Luego, escribe un comienzo fuerte usando la estrategia sugerida.

1. ...Entonces cerré los ojos y me concentré bien. Empecé a imaginarme parado en medio de un bosque tropical rodeado de animales extraños. Sin embargo, sólo era mi papá, un cantante de ópera frustrado, cantando en la cocina.

   Pregunta: _____

   _____

   _____

   _____

2. ...Planté las "semillas maravillosas" que había comprado. Las flores que crecieron eran inmensas y los tomates cubrieron todo el huerto de atrás. ¡Cultivé suficientes tomates para hacer salsa de espagueti para todo el vecindario!

   Declaración sorprendente: _____

   _____

   _____

   _____

3. ...La seguí hacia su cuarto. Abrió una pequeña caja y sacó un anillo de perlas negras. —Usaba este anillo cuando tenía tu edad. Si calza en tu dedo, te traerá buena suerte —dijo ella. ¡Calzó a la perfección!

   Diálogo: _____

   _____

   _____

   _____

Grado 4: Unidad 8 Narración personal *(para usarse con la página 244 del libro del estudiante)*

Destreza: Los estudiantes escribirán comienzos fuertes usando tres estrategias diferentes.

CUADERNO DE PRÁCTICA 117

Nombre _____

Escribir con voz propia

Voz débil	Voz fuerte
Me gustó la escuela este año. Nuestra clase estaba poniendo en escena una obra de teatro. El señor Henríquez me preguntó si quería participar en el equipo de escenografía. Dije que sí. Cambié la decoración y armé el telón.	Éste fue mi mejor año en la escuela. Tuve un papel importante en la obra de teatro de la clase, pero no estuve en escena. Cuando el señor Henríquez me preguntó si quería formar parte del equipo de escenografía, le dije: "Cuente conmigo". Con todo lo que tuve que montar en decoración y utilería, me divertí tanto detrás del escenario como si hubiera estado al frente.

El siguiente relato es poco interesante y aburrido. No tiene gracia. Vuelve a escribir la narración para darle una voz más fuerte. Para que el relato sea tuyo, escríbelo de manera que suene como si tú lo hubieras escrito. Saca a relucir tu personalidad.

El verano pasado, mi mejor amigo y yo decidimos vender limonada. Resultó fácil. Fuimos a la cancha de baloncesto cerca de casa. Ése era el lugar en que los muchachos de la escuela secundaria jugaban. Sabíamos que tendrían sed. Llevamos dos jarras de limonada y varios vasos plásticos. Los jugadores de baloncesto compraron toda la limonada. Se nos acabó la limonada y juntamos catorce dólares.

_____
_____
_____
_____
_____
_____
_____
_____
_____
_____

Grado 4: Unidad 8   Narración personal   *(para usarse con la página 245 del libro del estudiante)*

Destreza: Los estudiantes volverán a escribir una narración personal con voz propia.

Nombre _____

Buenos finales

Un final débil	Un final fuerte
Mi equipo le ganó al mejor equipo de fútbol femenino de nuestra liga.	No podía creer lo que ocurría. Barrimos con el mejor equipo de fútbol femenino de nuestra liga y ganamos el campeonato del condado. ¡Qué triunfo obtuvimos!

Las siguientes narraciones necesitan un final. Primero, lee el relato. Después, escribe dos finales para la narración. Lee tus finales y decide cuál es más fuerte. Encierra en un círculo el que más te guste.

1.   Al principio, no quería pasar la tarde del sábado con tía Lina. Pensé que me aburriría, pero cambié de idea al entrar a la cocina. Primero, horneamos panecillos de chocolate e hicimos tortas de manzana. Luego, fuimos a una venta del vecindario e hicimos un concurso para ver quién hallaba la cosa más inservible. Gané cuando saqué un calcetín color verde y morado de una pila de ropa. Mi premio fue una invitación al cine.

Final: _____

_____

_____

Final: _____

_____

_____

2.   El mar era demasiado grande y profundo. No quería nadar. Por eso me mojé los pies en la orilla. El agua estaba bastante tibia, de manera que entré un poco más. Sentí algo bajo mis pies. Era una almeja. Luego divisé algo blanco con forma de cuerno. Era la caparazón de un caracol. El mar resultó ser un lugar fascinante.

Final: _____

_____

_____

Final: _____

_____

_____

Grado 4:   Unidad 8   Narración personal   *(para usarse con la página 246 del libro del estudiante)*

Destreza: Los estudiantes escribirán dos finales diferentes para una narración y escogerán el más fuerte.

Nombre _____

Revisar una narración personal

¿He   **sí**
- escrito un comienzo que capte la atención del lector?   ❑
- puesto mi propia voz en el escrito?   ❑
- dado detalles que ayuden al lector a ver, oír y sentir la experiencia? ❑
- contado los sucesos en orden?   ❑
- revisado el final para que el relato parezca completo?   ❑

Revisa la siguiente narración personal para mejorarla. Usa la lista de control para ayudarte. Marca cada casilla cuando hayas terminado la revisión. Puedes usar el espacio encima de cada línea, a los lados y debajo del párrafo para escribir los cambios.

El día que conseguí el jonrón que nos dio la victoria

Era mi turno con el bate. Las bases estaban llenas.

Había dos fuera de juego. Fui a batear y tomé el bate.

Esperé el lanzamiento. Perdí la pelota. El árbitro gritó

poncha. El público gruñó. Volví a batear.

Oí al árbitro decir poncha. Si fallara, mi equipo perdería.

Sería por mi culpa. La lanzadora estaba preparándose para

el siguiente lanzamiento. Sentí el bate pegar la pelota.

Corrí tan rápido como pude, y oí los aplausos del público

cuando alcancé la base final. Había conseguido un jonrón.

¡Mi equipo había ganado el partido!

Grado 4: Unidad 8 Narración personal *(para usarse con la página 248 del libro del estudiante)*
Destreza: Los estudiantes evaluarán una narración personal, usando una lista de control.

Nombre _____

Elaborar: Detalles

Pocos detalles	Felisa limpió su escritorio.
Elaborada con detalles	Felisa puso sus lápices y libros en un cajón, alineó su colección de ranas de juguete en un estante y limpió su escritorio. Incluso organizó todos sus papeles.

La siguiente narración es aburrida porque no contiene suficientes detalles. Revisa la narración y añade detalles para hacerla más interesante.

El verano pasado le leí libros a mi hermanito. Ése fue mi trabajo. Al principio fue aburrido. Después, ambos comenzamos a divertirnos. Me gustaba descubrir buenos libros. Él también se reía de las diferentes voces que yo usaba. Fue divertido actuarlas.

Grado 4: Unidad 8 Narración personal *(para usarse con la página 249 del libro del estudiante)*

Destreza: Los estudiantes revisarán una narración añadiéndole detalles interesantes.

Nombre_____

Oraciones secundarias

> Un párrafo que presenta información basada en datos se llama **párrafo explicativo.** Generalmente tiene una oración que presenta el tema, varias oraciones secundarias y una oración final. Las **oraciones secundarias** ofrecen detalles sobre la idea principal del párrafo. Estos detalles usualmente incluyen datos. También pueden incluir palabras sensoriales que describen cómo las cosas se sienten, lucen, huelen, saben y suenan.

Completa el párrafo explicativo. Mira el diagrama y lee la oración que presenta el tema y la oración final que siguen. Luego, escribe por lo menos tres oraciones secundarias usando la información del diagrama.

Puntuación del baloncesto universitario

cesta

Se anota un punto desde aquí si se gana un tiro libre por una falta.

Se anotan dos puntos desde adentro de esta línea durante el juego.

Se anotan tres puntos desde afuera de esta línea durante el juego.

La única forma de marcar puntos en el baloncesto es metiendo el balón dentro de la cesta.

_____

_____

_____

_____

_____

_____

El lugar donde estás cuando lanzas el balón afecta tu puntuación.

Destreza: Los estudiantes completarán un párrafo explicativo con oraciones secundarias.

Nombre _____

Organizar tus instrucciones

Pasos	Materiales necesarios	Detalles
1 Primero, colocar las sillas.	sillas (una menos que el número de jugadores)	
2 Después poner la música.	CD, tocadiscos con control remoto	

Los dibujos y los pasos siguientes describen cómo hacer marionetas con un calcetín, pero están desordenados. Enumera los pasos para indicar el orden correcto. Luego completa el cuadro escribiendo los pasos en orden y haciendo una lista de los materiales que se necesitan.

___ Luego, se pegan las hebras para el pelo.

___ Después, se pegan los labios de fieltro.

___ Por último, cuando el pegamento se haya secado, ¡se monta el espectáculo!

___ Primero, se cosen los botones para los ojos y la nariz.

Pasos	Materiales necesarios	
1		
2		
3		
4		

Grado 4: Unidad 9 Instrucciones *(para usarse con la página 284 del libro del estudiante)*

Destreza: Los estudiantes organizarán instrucciones ordenando los pasos.

Nombre _____

Usar detalles

Sin detalles exactos	Con detalles exactos
Dobla un trozo de papel. Une los trozos con una cuerda.	Dobla un trozo de papel por la mitad. Dóblalo otra vez. Recorta por el doblez en cuatro partes. Hazles un agujero en una esquina y únelos con una cuerda.

La siguiente tabla de pasos indica los pasos y los materiales necesarios para hacer un móvil. Observa el dibujo y añade detalles a la tabla. Usa luego la tabla para ayudarte a escribir instrucciones. Recuerda incluir detalles exactos.

Pasos	Materiales necesarios	Detalles
1 Primero, crea figuras de papel que sean interesantes.	papel de periódico y de revistas, tijeras, pegamento	
2 Después, ata las botellas al gancho de ropa.	botellas plásticas, cordones de zapato o cuerda, gancho de ropa	
3 Cuando el pegamento se seque, ata las figuras al gancho.	figuras hechas en el Paso 1, cuerda adicional, móvil	

_____

_____

_____

_____

Grado 4: Unidad 9 Instrucciones *(para usarse con la página 285 del libro del estudiante)*
Destreza: Los estudiantes escribirán instrucciones añadiendo detalles.

CUADERNO DE PRÁCTICA   125

Nombre _____

Buenos comienzos y finales

Comienzo débil	Comienzo fuerte
Puedes hacer una caja con palitos.	¿Necesitas un lugar para guardar pequeños objetos personales?

Final débil	Final fuerte
Ahora puedes usar tu cajita.	¡Es pequeña, es privada y la hiciste tú!

El siguiente párrafo con instrucciones necesita un comienzo y un final mejores. Primero, lee el párrafo. Después, reemplaza las oraciones subrayadas. Escribe dos comienzos interesantes y encierra en un círculo el que consideres más fuerte. Escribe después dos finales fuertes y encierra en un círculo el que más te guste.

Cultivar un jardín de flores es una buena idea. Necesitas algunas semillas, una pala pequeña y un terreno fértil. Primero, lee las instrucciones que vienen en el paquete de semillas para saber a qué profundidad debes enterrarlas. Luego, busca un área pequeña que reciba suficiente luz natural. Después, cava los hoyos y coloca las semillas en ellos. A continuación, cúbrelas con tierra. Por último, riega la superficie con agua. Asegúrate de regar las plantas regularmente mientras estén en etapa de crecimiento. Así es cómo se cultivan flores.

Comienzo: _____

_____

_____

Comienzo: _____

_____

_____

Final: _____

_____

_____

Final: _____

_____

_____

Grado 4: Unidad 9 Instrucciones *(para usarse con la página 286 del libro del estudiante)*
Destreza: Los estudiantes escribirán comienzos y finales fuertes para un ensayo con instrucciones.

Nombre_____

Revisar instrucciones

¿He

	sí
• escrito un principio nuevo que presente el tema de una manera interesante?	❏
• incluido todos los pasos en el orden correcto?	❏
• mencionado todos los materiales que se necesitan para cada paso?	❏
• añadido detalles claros y precisos para cada paso?	❏
• revisado el final para completar las instrucciones?	❏

Revisa el siguiente párrafo de instrucciones para mejorarlo. Usa la lista de control para ayudarte. Marca cada casilla cuando hayas terminado la revisión. Puedes usar el espacio encima de cada línea, a los lados y debajo del párrafo para escribir los cambios.

Invitaciones en forma de rompecabezas para una fiesta

Así se hacen las invitaciones en forma de rompecabezas para una fiesta. Se escribe cada invitación en una tarjeta o en una cartulina gruesa. Se usan bolígrafos. Luego se cortan las invitaciones en piezas de rompecabezas. Se meten todas las piezas para cada invitación en un sobre. Se escriben las direcciones, se cierran los sobres y se ponen los sellos. Por último se envían las invitaciones.

Grado 4: Unidad 9 Instrucciones *(para usarse con la página 288 del libro del estudiante)*

Destreza: Los estudiantes revisarán instrucciones usando una lista de control.

CUADERNO DE PRÁCTICA 127

Nombre _____

Fluidez del texto

Todas de la misma longitud	Consigue plástico transparente. Recorta un trozo grande. Pégalo con cinta adhesiva a un espejo. Párate frente a él. Usa un marcador. Traza tu cara.
Diferentes longitudes	Recorta un trozo grande de algún envoltorio de plástico transparente y pégalo con cinta adhesiva a un espejo. Luego, párate frente a él. Usa un marcador para trazar tu cara.

Las siguientes instrucciones suenan aburridas porque las oraciones tienen la misma longitud. Revisa las instrucciones usando oraciones de diferente longitud para hacerlas más interesantes.

1. Toma dos latas vacías. Lávalas. Haz un agujero en la base de cada una. Une las latas con una cuerda. Pide a un amigo que ponga una lata en su oreja. Dile que escuche. Tira de la cuerda. Habla por la otra lata. ¿Puede escucharte tu amigo?

_____

_____

_____

_____

_____

_____

2. Busca un tubo de cartón vacío. Ponlo sobre un ojo. Mantén ambos ojos abiertos. Pon una mano al lado del tubo. Mantén la mano a algunas pulgadas de tu cara. Verás un agujero en tu mano.

_____

_____

_____

_____

_____

Grado 4: Unidad 9 Instrucciones *(para usarse con la página 289 del libro del estudiante)*

Destreza: Los estudiantes revisarán instrucciones variando la longitud de las oraciones.

Nombre_____

Oraciones secundarias

> Un párrafo que expresa lo que alguien siente o piensa sobre un tema es un **párrafo de opinión.** Usualmente tienen una oración principal, varias **oraciones secundarias** y una oración final. Las oraciones secundarias proveen razones fuertes para apoyar una opinión. Usualmente incluyen datos y ejemplos que presentan las razones de manera clara y convincente.

Observa el dibujo y completa el párrafo de opinión. Escribe tres oraciones secundarias que den razones sobre la opinión presentada en la oración principal que sigue. Usa detalles de la escena playera para explicar cada razón con datos y ejemplos.

¡La playa es el mejor lugar para cuando quieres divertirte bajo el sol!

_____

_____

_____

_____

_____

_____

_____

_____

_____

_____

La playa es definitivamente el mejor lugar para pasar una calurosa tarde de verano.

Grade 4: Sección 3 Expresar e influir *(para usarse con las páginas 307 a 311 del libro del estudiante)*

Destreza: Los estudiantes completarán un párrafo de opinión con oraciones secundarias.

Nombre _____

Elegir razones fuertes

Opinión: No me gustan los días de viento.

Razones débiles	Razones fuertes
razón general: hace frío	**razón exacta:** el viento helado me hace tiritar
razón no importante: hace ondear las banderas	**razón importante:** hace difícil montar en bicicleta

En la siguiente tabla escribe tres o cuatro razones por las cuales te gustan las actividades al aire libre, y tres o cuatro razones por las que no te gustan. Luego, tacha cualquier razón que no sea importante.

Me gustan las actividades al aire libre.	No me gustan las actividades al aire libre.

Grado 4: Unidad 10 Opinión *(para usarse con la página 322 del libro del estudiante)*

Destreza: Los estudiantes elegirán razones convincentes para respaldar una opinión.

Nombre_____

Elaborar tus razones

Opinión: Me gustan los cuentos de misterio.

Razón: Los cuentos de misterio hacen pensar al lector.

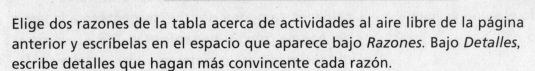

Detalles débiles	Detalles fuertes
buen argumento	argumento complejo con cambios y giros
cuento interesante	pistas que ayudan a resolver el misterio

Elige dos razones de la tabla acerca de actividades al aire libre de la página anterior y escríbelas en el espacio que aparece bajo *Razones*. Bajo *Detalles*, escribe detalles que hagan más convincente cada razón.

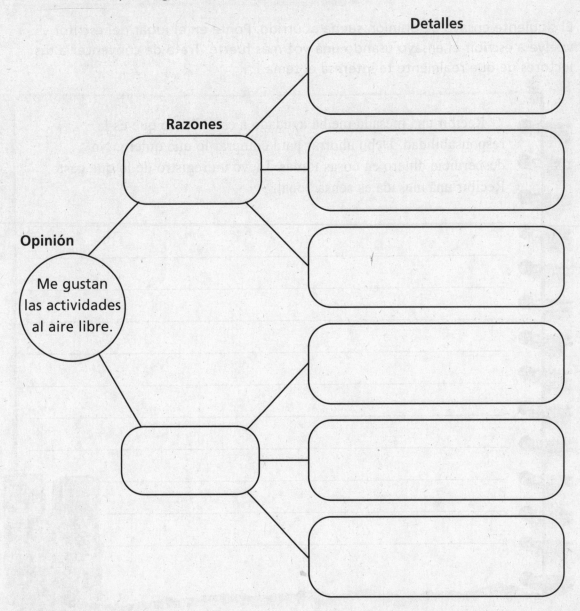

Grado 4: Unidad 10 Opinión *(para usarse con la página 323 del libro del estudiante)*

Destreza: Los estudiantes identificarán razones para apoyar una opinión y escogerán detalles para ampliar esas razones.

Nombre_____

Escribir con voz propia

Voz débil	Voz fuerte
Los viajes en avión son agradables. El despegue es la parte más emocionante. Pueden verse muchas cosas diferentes. Pero te mareas cuando el avión va muy rápido.	No hay nada que supere la emoción de viajar en avión. Los motores comienzan a rugir, y cuando el avión acelera en la pista, una gran fuerza me empuja contra el asiento. Al volar alto en el cielo, tengo una perspectiva aérea de ciudades, campos y ríos que serpentean a lo largo del paisaje como si fueran cintas. ¡Para recorrer distancias largas, lo mejor es viajar en un avión!

El siguiente ensayo de opinión suena aburrido. Ponte en el lugar del escritor y vuelve a escribir el ensayo usando una voz más fuerte. Trata de convencer a tus lectores de que realmente te interesa el tema.

Recibir una mesada me ha ayudado a entender lo que es la responsabilidad. Debo ahorrar para comprar lo que quiero. No desperdicio dinero en cosas tontas. Llevo un registro de lo que gasto. Recibir una mesada es sensacional.

_____

_____

_____

_____

_____

_____

_____

_____

_____

_____

_____

_____

_____

Grado 4: Unidad 10 Opinión *(para usarse con la página 324 del libro del estudiante)*

Destreza: Los estudiantes volverán a escribir un ensayo de opinión usando una voz fuerte.

Nombre _____

Introducciones y conclusiones

Introducción débil	Introducción fuerte
Éstas son las razones por las que me gustan las computadoras.	¿Has pensado alguna vez en las diversas maneras en que usamos las computadoras?

Conclusión débil	Conclusión fuerte
Por eso creo que las computadoras son fantásticas.	Ya sea que se esté buscando información, practicando matemáticas o jugando con un amigo, las computadoras son parte importante de la vida diaria.

El siguiente ensayo de opinión necesita una introducción. Primero, lee el ensayo. Después, escribe dos introducciones fuertes. Lee ambas introducciones y decide cuál te gusta más. Encierra en un círculo el final que hayas escogido.

Los partidos de hóckey son muy intensos. Los jugadores patinan alrededor de la pista a un ritmo frenético, pasándose el disco de goma de un lado a otro como si fuera una papá caliente. Un miembro del equipo local simula ir hacia la izquierda y casi choca con otro jugador. Repentinamente, el disco se mete al arco, se enciende una luz tras la red y los fanáticos del equipo se enloquecen. ¡Solamente en un partido de hóckey puedes experimentar algo así!

Introducción fuerte: _____

_____

Introducción fuerte: _____

_____

El siguiente ensayo de opinión necesita una conclusión. Primero, lee el párrafo. Después, escribe dos conclusiones para el ensayo. Lee ambas conclusiones y decide cuál te gusta más. Marca la conclusión más fuerte.

Ya sea que me sienta un poco triste o eufórico, la pintura es mi manera preferida de compartir lo que pienso y siento. Crear cuadros es mi manera particular de mostrar a los demás cómo veo el mundo. Me encanta jugar con diferentes formas y figuras.

Conclusión fuerte: _____

_____

Conclusión fuerte: _____

_____

Grado 4: Unidad 10 Opinión *(para usarse con la página 326 del libro del estudiante)*
Destreza: Los estudiantes escribirán introducciones y conclusiones fuertes para ensayos de opinión.

CUADERNO DE PRÁCTICA 133

Revisar un ensayo de opinión

¿He

sí

- escrito una introducción que presente el tema y cree interés? ❏
- escrito una oración que presente el tema exponiendo la idea principal? ❏
- incluido razones convincentes y detalles que respalden la opinión? ❏
- escrito de una manera que deje ver que soy yo el que cuenta la historia? ❏
- resumido los puntos principales al final? ❏

Revisa el siguiente ensayo de opinión para mejorarlo. Usa la lista de control para ayudarte. Marca cada casilla cuando hayas terminado la revisión. Puedes usar el espacio encima de cada línea, a los lados y debajo del párrafo para escribir los cambios.

Cuidar niños

Cuidar niños es más difícil de lo que parece. Cuando cuido a Carolina, una niña de cinco años, estoy siempre correteando.

Cuando jugamos, quiere hacer una docena de cosas al mismo tiempo. Hacía un día de sol espléndido. Después de diez minutos, tengo que inventar algo diferente para hacer. La vigilo en cada movimiento para que no se caiga o se haga daño. Ella siempre necesita algo. Tiene hambre. Luego tiene sed. Le leo un cuento.

Me ruega que le lea otro. Carolina nunca se está quieta. Siempre termina agotándome. Cuidar niños es un trabajo duro.

Grado 4: Unidad 10 Opinión *(para usarse con la página 328 del libro del estudiante)*

Destreza: Los estudiantes revisarán un ensayo de opinión usando una lista de control.

Elaborar: Elegir palabras

Sin sinónimos	Los copos de nieve **grandes** y **lindos** caían **rápidamente**.
Con sinónimos	Los copos de nieve **enormes** y **encantadores** caían **velozmente**.

Revisa el siguiente ensayo de opinión para hacerlo más interesante. Subraya las palabras que parezcan demasiado generales o aburridas. Después, vuelve a escribir el ensayo reemplazando las palabras subrayadas con sinónimos interesantes que tengan un significado más exacto.

Da gran satisfacción ofrecerse como voluntario para visitar a los ancianos. Muchos ancianos se sienten tristes porque nadie viene a verlos. Cuando alguien se toma el tiempo para conversar con ellos, se sienten mejor. Escucharlos hablar sobre sus experiencias puede ser muy interesante y se aprende mucho con sus relatos. La mayoría de los voluntarios te contarán que reciben mucho más de lo que dan cuando ayudan a los demás.

_____

_____

_____

_____

_____

_____

_____

_____

_____

_____

_____

_____

_____

_____

Grado 4: Unidad 10 Opinión *(para usarse con la página 329 del libro del estudiante)*

Destreza: Los estudiantes revisarán oraciones añadiendo sinónimos.

Cartas al hogar

Tabla de contenido

Carta al hogar

Preparación

Estimada familia:

Nuestra clase está lista para comenzar una unidad de preparación sobre la mejor manera de escuchar, hablar y observar. Los niños aprenderán a identificar y comentar actividades diarias que impliquen escuchar, hablar y observar. Ellos aplicarán los conocimientos adquiridos sobre este tema para reunir información detallada a través de los sonidos, las palabras y las imágenes, y para mejorar sus destrezas de comunicación.

Aquí encontrará una manera fácil de ayudar a su niño(a) a practicar lo que ha aprendido acerca de cómo escuchar, hablar y observar.

¡Muchísimas gracias por su ayuda!

Tarea

Pida a su niño que complete el siguiente ejercicio y lo traiga consigo a clase.

Comenta algo que hayas visto y escuchado en cada lugar.

Ejemplo: En el zoológico   *Vi un león y escuché su rugido.*

1. En la playa

   _____

   _____

2. En una fiesta

   _____

3. En el aeropuerto

   _____

   _____

   _____

Consejo para la lectura

Lean una descripción de la sección de espectáculos de un periódico. Sugiera a su niño que preste atención a cómo algunos autores dan más detalles en sus escritos después de observar y escuchar con cuidado.

Actividad

Lista de notas en una fiesta Después de leer con su niño las páginas 233 a 239 del manual *¡Vía libre!*, podrá ayudarlo a hacer una lista de notas sobre todo lo que observe y escuche en una fiesta o celebración. Más tarde, anímelo a basarse en sus notas para comentar qué le pareció la fiesta.

Visite Kids' Place de *Houghton Mifflin English:* www.eduplace.com/kids/ hme/ Presione el "mouse" sobre el botón *Lenguaje*.

Carta al hogar

Preparación

Estimada familia:

Nuestra clase ha estado estudiando una unidad de preparación sobre el método de escribir. Los niños aprenderán a analizar los diferentes pasos de este proceso. Ellos aplicarán los conocimientos adquiridos sobre el método de escribir para organizar sus ideas y mejorar sus escritos.

Aquí encontrará una manera fácil de ayudar a su niño(a) a practicar lo que ha aprendido acerca del método de escribir.

¡Muchísimas gracias por su ayuda!

Tarea

Pida a su niño que complete el siguiente ejercicio sobre el método de escribir y lo traiga consigo a clase.

Escribe el paso que corresponda. Escógelo de la caja.

Antes de escribir		Escribir el borrador
Revisar	Corregir	Publicar

Ejemplo: Anota tus ideas en un papel. *Escribir el borrador*

1. Corrige la puntuación. _____

2. Publica tu trabajo en un libro de la clase. _____

3. Elige un tema _____

4. Revisa el borrador. _____

Consejo para la lectura

Lea un pequeño párrafo de la sección de opinión de un periódico, sugiera a su niño que imagine y comente qué hicieron los autores antes de escribir sus historias.

Actividad

Maneras de decir "Lo siento" Después de leer juntos las páginas 14 y 15 del manual *¡Vía libre!*, anime a su niño a pensar en cómo publicar una disculpa. Sugiérale que siga los pasos del método de escribir para redactarla, y que piense luego en cuál es el mejor lugar para darla a conocer: ¿una postal?, ¿una nota en el refrigerador?, ¿una carta por correo?

 Visite Kids' Place de *Houghton Mifflin English:* www.eduplace.com/kids/hme/ Presione el "mouse" sobre el botón *Lenguaje.*

Carta al hogar

Unidad 1 La oración

Estimada familia:

Nuestra clase está lista para comenzar una unidad de gramática sobre la oración. Los niños aprenderán a distinguir entre una oración completa y un fragmento de oración. Ellos aplicarán los conocimientos adquiridos sobre las oraciones para expresar pensamientos completos a la hora de redactar sus trabajos.

Aquí encontrará una manera fácil de ayudar a su niño(a) a practicar lo que ha aprendido acerca de las oraciones.

¡Muchísimas gracias por su ayuda!

Tarea

Pida a su niño que complete el siguiente ejercicio y lo traiga consigo a clase.

Escribe si las frases son oraciones o fragmentos.

Ejemplo: Vientos fuertes y lluvia.   *fragmento*

1. Los vientos se intensifican durante la madrugada.   _____

2. Lluvias intensas, peligro de inundaciones.   _____

3. El ciclón rumbo a la Florida.   _____

4. Hará buen tiempo el fin de semana.   _____

Actividad

Encontrar la parte perdida
Cuando lea con su niño las páginas 69 y 71 del manual *¡Vía libre!*, le resultará divertido jugar a encontrar la parte que falta en una oración. Diga una frase y anime a su niño a que encuentre la parte que le falta para convertirla en una oración completa. Después inviertan los roles.

Consejo para la lectura

Sugiera a su niño leer un párrafo de la sección de espectáculos de un periódico. Luego, pídale que analice cómo los autores usan oraciones completas para expresar ideas completas.

Visite Kids' Place de *Houghton Mifflin English:* www.eduplace.com/kids/hme/ Presione el "mouse" sobre el botón *Lenguaje.*

Carta al hogar

Unidad 1   La oración

Estimada familia:

Nuestra clase está lista para continuar con la unidad de gramática sobre la oración. Los niños aprenderán a identificar el núcleo del predicado de una oración. Ellos aplicarán los conocimientos adquiridos sobre las oraciones para expresar pensamientos completos a la hora de redactar sus trabajos.

Aquí encontrará una manera fácil de ayudar a su niño(a) a practicar lo que ha aprendido acerca del núcleo del predicado.

¡Muchísimas gracias por su ayuda!

Tarea

Pida a su niño que complete el siguiente ejercicio y lo traiga consigo a clase.

Escribe el núcleo del predicado.

Ejemplo: Carlos camina por el bosque.   *camina*

1. Una ardilla sube al árbol.   _____

2. Las hojas caen al suelo.   _____

3. Carlos oye el canto de un pájaro.   _____

4. El sendero le indica la ruta a casa.   _____

Consejo para la lectura

Vuelva a leer su cuento favorito. Pida a su niño que preste atención a cómo los autores varían los núcleos del predicado para expresar acciones específicas.

Actividad

¡Un cuento nuevo!
Después de repasar la página 310 del manual *¡Vía libre!,* le resultará divertido leer un cuento con su niño. Anime a su niño a anotar los núcleos del predicado que le parezcan interesantes. Luego, ayúdalo a crear sus propias oraciones usando los verbos de su lista para crear un cuento nuevo.

Visite Kids' Place de *Houghton Mifflin English:* www.eduplace.com/kids/ hme/ Presione el "mouse" sobre el botón *Lenguaje.*

Carta al hogar

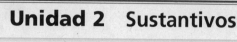

Unidad 2   Sustantivos

Estimada familia:

Nuestra clase está lista para continuar una unidad de repaso sobre plurales especiales, género, número y uso de mayúsculas en sustantivos. Ahora los niños aprenderán a escribir plurales especiales de sustantivos.

Ellos aplicarán los conocimientos adquiridos sobre estos temas para corregir problemas de género, número y uso de las mayúsculas en sustantivos en sus trabajos.

Aquí encontrará una manera fácil de ayudar a su niño(a) a practicar lo que ha aprendido sobre dichos temas.

¡Muchísimas gracias por su ayuda!

Tarea

Pida a su niño que complete el siguiente ejercicio y lo traiga consigo a clase.

Completa la oración con el plural del sustantivo entre paréntesis.

Ejemplo: Todos los *viernes* leo el periódico local (viernes)

1. Leí un artículo muy interesante sobre los _____. (manatí)

2. Aunque el manatí vive en el agua, no pertenece a la especie de los _____. (pez)

3. Un doctor les inyecta varias _____ de antibióticos para protegerlos de las infecciones. (dosis)

Actividad

Titulares en colores

Después de compartir la página 296 del manual *¡Vía libre!*, podrían buscar titulares de periódicos en español. Anime a su niño a circular y colorear en rojo los sustantivos en singular, y en azul los plurales. Luego pídale que diga el plural de los *rojos* y el singular de los *azules*.

Consejo para la lectura

Lea la sección de actividades artísticas del periódico y pida a su niño que observe con atención cómo los autores utilizan sustantivos especiales en sus escritos, cómo usan las mayúsculas y cómo mantienen la concordancia entre género y número.

Visite Kids' Place de *Houghton Mifflin English:* www.eduplace.com/kids/hme/ Presione el "mouse" sobre el botón *Lenguaje*.

Carta al hogar

Unidad 3   Verbos

Estimada familia:

   Nuestra clase está lista para comenzar una unidad de gramática sobre verbos de acción. Los niños aprenderán a identificar y a usar verbos de acción en oraciones. Ellos aplicarán los conocimientos adquiridos sobre este tema para escribir instrucciones usando verbos de acción, e identificándolos.

   Aquí encontrará una manera fácil de ayudar a su niño(a) a practicar lo que ha aprendido sobre los verbos de acción.

¡Muchísimas gracias por su ayuda!

Tarea

Pida a su niño que complete el siguiente ejercicio y lo traiga consigo a clase.

Escribe el verbo de acción en cada oración.

   Ejemplo: El viernes vamos a la casa de la playa.   *vamos*

1. Mi abuelo acompaña a mi abuela a la ciudad.   _____

2. Mi abuela pasea a su perro todas las mañanas.   _____

3. Mi abuelo irá al mercado el lunes.   _____

4. Mi abuela regará las plantas todos los días.   _____

Consejo para la lectura

Lea un párrafo de la sección deportes en el periódico, pida a su niño que analice con atención cómo los autores utilizan los verbos de acción en sus obras para expresar sus ideas y para describir las acciones de los personajes.

Actividad

Resolver acertijos

Después de leer juntos la página 299 del manual *¡Vía libre!,* disfrutarán creando y resolviendo acertijos sobre verbos de acción. Túrnense para realizar una acción cotidiana. El otro debe adivinar el verbo que corresponde a dicha acción . Sugiera a su niño que los vaya anotando en una lista.

Visite Kids' Place de *Houghton Mifflin English:* www.eduplace.com/kids/ hme/ Presione el "mouse" sobre el botón *Lenguaje.*

Carta al hogar

Unidad 3   Verbos

Estimada familia:

Nuestra clase está lista para continuar la unidad de gramática sobre cómo combinar oraciones. Los niños aprenderán a combinar oraciones cortas con un mismo sujeto. Ellos aplicarán los conocimientos adquiridos sobre este tema para escribir oraciones con predicado compuesto, combinando oraciones cortas que tengan un mismo sujeto.

Aquí encontrará una manera fácil de ayudar a su niño(a) a practicar lo que ha aprendido sobre cómo lograr una mayor fluidez en sus escritos.

¡Muchísimas gracias por su ayuda!

Tarea

Pida a su niño que complete el siguiente ejercicio y lo traiga consigo a clase.

Forma una oración a partir de los siguientes pares de oraciones.

Ejemplo: El grupo fue al zoológico. El grupo fue a tomar helados.
El grupo fue al zoológico y a tomar helados.

1. El guía habló de los osos. El guía habló de los leones. El guía habló de las cotorras.

   _____

2. Los monos tenían hambre. Los monos chillaban.

   _____

3. Mi hermano se asustó con la hiena. Mi hermano lloró mucho.

   _____

Actividad

Nuestra familia Después de consultar juntos las páginas 72 y 73 del manual *¡Vía libre!*, disfrutarán hablando de la familia. Anime a su niño a escribir oraciones cortas que comiencen con *Nuestra familia.* Luego sugiérale que las combine para que forme oraciones con predicado compuesto.

Consejo para la lectura

   Pida a su niño que lea una página de su cuento favorito y que observe con atención cómo los autores combinan oraciones para lograr mayor fluidez en sus obras y hacer que éstas resulten amenas e interesantes.

Visite Kids' Place de *Houghton Mifflin English:* www.eduplace.com/kids/ hme/ Presione el "mouse" sobre el botón *Lenguaje.*

Carta al hogar

Unidad 4   Adjetivos

Estimada familia:

Nuestra clase está lista para comenzar una unidad de gramática sobre adjetivos. Los niños aprenderán a identificar y distinguir entre adjetivos que indican *qué tipo* y adjetivos que indican *cuántos*. Ellos aplicarán los conocimientos adquiridos sobre el tema a la hora de redactar oraciones y párrafos.

Aquí encontrará una manera fácil de ayudar a su niño(a) a practicar lo que ha aprendido sobre los adjetivos.

¡Muchísimas gracias por su ayuda!

Tarea

Pida a su niño que complete el siguiente ejercicio y lo traiga consigo a clase.

Escribe el adjetivo y determina si indica *qué tipo* o *cuántos*.

Ejemplo: La miel de las abejas es dulce.   *dulce; qué tipo*

1. Hay muchas colmenas en el campo.

_____

2. Las abejas son obreras incansables.

_____

3. Las abejas liban numerosas flores cada día.

_____

4. El propóleo que producen para hacer sus colmenas es medicinal.

_____

Consejo para la lectura

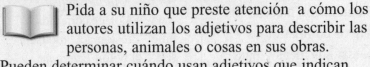 Pida a su niño que preste atención a cómo los autores utilizan los adjetivos para describir las personas, animales o cosas en sus obras. Pueden determinar cuándo usan adjetivos que indican *qué tipo* y cuándo usan adjetivos que indican *cuántos*.

Actividad

Describir objetos de la cocina Después de consultar la página 304 del manual *¡Vía libre!*, será interesante describir los objetos de la cocina. Jueguen a ver quién se queda sin adjetivo para describir determinado objeto, tomando turnos para decir un sólo adjetivo cada vez. Esto pueden repetirlo con varios objetos.

 Visite Kids' Place de *Houghton Mifflin English:* www.eduplace.com/kids/hme/ Presione el "mouse" sobre el botón *Lenguaje*.

Carta al hogar

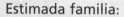

Unidad 4   Adjetivos

Estimada familia:

   Nuestra clase está lista para continuar con la unidad de gramática sobre adjetivos comparativos y superlativos. Los niños aprenderán a usar y distinguir entre adjetivos comparativos y superlativos en las oraciones.

Ellos aplicarán los conocimientos adquiridos sobre este tema para escribir opiniones usando adjetivos comparativos y superlativos.

   Aquí encontrará una manera fácil de ayudar a su niño(a) a practicar lo que ha aprendido sobre los adjetivos comparativos y superlativos.

¡Muchísimas gracias por su ayuda!

Tarea

Pida a su niño que complete el siguiente ejercicio y lo traiga consigo a clase.

Escribe si el adjetivo es comparativo o superlativo.

   Ejemplo: Las ballenas son *más grandes que* los tiburones.   *comparativo*

1. Los delfines son *inteligentísimos*. _____

2. Las tortugas son menos rápidas que las anguilas. _____

3. Las agujas son muy veloces. _____

4. Los pulpos son mayores que los calamares. _____

Consejo para la lectura

   Pida a su niño que preste atención a cómo los autores utilizan los adjetivos comparativos y superlativos en sus obras para expresar sus ideas y para describir y comparar las acciones de los personajes.

Actividad

Árbol genealógico
Después de leer juntos la página 37 del manual *¡Vía libre!,* les resultará divertido comparar a los diferentes miembros de la familia, utilizando adjetivos comparativos y superlativos. Ayude a su niño a construir un sencillo árbol genealógico de la familia, que lo ilustre con dibujos o fotos, y que indique el nombre, la edad y el parentezco de cada miembro. Puede colocarlo en un marco y colgarlo en algún lugar de la casa.

Visite Kids' Place de *Houghton Mifflin English:* www.eduplace.com/kids/ hme/ Presione el "mouse" sobre el botón *Lenguaje.*

Carta al hogar

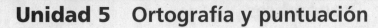

Unidad 5   Ortografía y puntuación

Estimada familia:

Nuestra clase está lista para continuar con la unidad de gramática sobre ortografía y puntuación. Los niños aprenderán a identificar casos de separación silábica, a aplicar las reglas y a separar correctamente las sílabas al final del renglón. Ellos aplicarán los conocimientos adquiridos sobre estos temas a la hora de escribir, usando correctamente las reglas que rigen la separación silábica.

Aquí encontrará una manera fácil de ayudar a su niño a practicar lo que ha aprendido sobre división en sílabas.

¡Muchísimas gracias por su ayuda!

Tarea

Pida a su niño que complete el siguiente ejercicio y lo traiga consigo a clase.

Separa en sílabas las palabras.

Ejemplo: hielo   hie-lo

1. zorrillo   _____

2. pastel   _____

3. clavija   _____

4. científico   _____

5. príncipe   _____

6. piden   _____

Consejo para la lectura

 Vuelva a leer un párrafo de su cuento favorito y pida a su niño que analice con atención cómo los autores siguen las reglas de separación silábica para separar las palabras al final de un renglón en sus obras.

Actividad

Encontrar sílabas en palabras Después de leer juntos la página 336 del manual *¡Vía libre!,* se divertirán nombrando objetos y diciendo el número de sílabas que tienen. Sugiera a su niño que escriba y separe en sílabas las palabras en las que se haya equivocado o haya tenido dificultades.

Visite Kids' Place de *Houghton Mifflin English:* www.eduplace.com/kids/hme/ Presione el "mouse" sobre el botón *Lenguaje.*

Carta al hogar

Unidad 6 Pronombres

Estimada familia:

   Nuestra clase está lista para continuar la unidad de gramática sobre los pronombres. Los niños aprenderán a reemplazar los pronombres confusos por sustantivos en las oraciones. Ellos aplicarán lo que han aprendido en clase sobre este tema para revisar sus escritos y mejorar la fluidez de los mismos utilizando un sustantivo en lugar de un pronombre confuso.

   Aquí encontrará una manera fácil de ayudar a su niño(a) a practicar lo que ha aprendido sobre cómo mejorar la fluidez y claridad de sus escritos.

¡Muchísimas gracias por su ayuda!

Tarea

Pida a su niño que complete el siguiente ejercicio y lo traiga consigo a clase.

Sustituye el pronombre confuso por un sustantivo.

   Ejemplo: Mi padre fue a ver un partido de fútbol. Allí se encontró con mi tío. Él disfrutó mucho el partido .   *Mi tío o Mi padre*

1. Los jugadores discutían con los jueces. Ellos estaban alterados.

   _____

2. Elisa entrena todos los días. Su entrenadora es muy exigente. Hoy ella llegó tarde.

   _____

3. Pedro es un gran pelotero y su hermano Ramón también es bueno. Él juega pelota desde pequeño.

Consejo para la lectura

Pida a su niño que analice con atención cómo los autores evitan los pronombres confusos y usan los nombres claramente para que el lector sepa de quién se habla en cada momento.

Actividad

¡Adivina el nombre!
Después de leer juntos la página 298 del manual *¡Vía libre!,* juegue a decir a qué se dedica cada miembro de la familia sin mencionar el nombre, usando sólo pronombres *(Ella trabaja en un restaurante. Él es locutor de radio.).* Luego anime a su niño a adivinar de quién se trata, y a redactar la nueva oración usando el nombre correspondiente.

 Visite Kids' Place de *Houghton Mifflin English:* www.eduplace.com/kids/ hme/ Presione el "mouse" sobre el botón *Lenguaje.*

Carta al hogar

Unidad 7   Adverbios, preposiciones y conjunciones

Estimada familia:

Nuestra clase está lista para continuar con la unidad de gramática sobre los adverbios. Los niños aprenderán a combinar oraciones cambiando el adverbio de una oración a otra. Ellos aplicarán lo que han aprendido en clase cuando combinen oraciones y determinen cuál es la mejor posición de los adverbios para que sus trabajos tengan mayor fluidez.

Aquí encontrará una manera fácil de ayudar a su niño(a) a practicar lo que ha aprendido sobre los adverbios.

¡Muchísimas gracias por su ayuda!

Tarea

Pida a su niño que complete el siguiente ejercicio y lo traiga consigo a clase.

Combina cada par de oraciones usando adverbios.

Ejemplo: La lluvia caía sobre los tejados.
La lluvia caía *persistentemente.*
La lluvia caía persistentemente sobre los tejados.

1. Me gusta ver llover por las noches. Me gusta ver llover intensamente.

   _____

2. Mi hermanito lloraba durante la tormenta. Mi hermanito lloraba desconsoladamente.

   _____
   _____

3. La noche estaba iluminada por los relámpagos. La noche estaba iluminada increíblemente.

   _____
   _____

Consejo para la lectura

    Lea la sección de sucesos en un periódico. Pida a su niño que preste atención a cómo los autores utilizan los adverbios en sus obras para expresar *cuándo, cómo* y *dónde* ocurren las acciones de los personajes.

Actividad

¿Qué hacemos cada día? Piensen en las diferentes actividades cotidianas que realizan *(desayunar, lavar, jugar en el parque).* Anime a su niño a describirlas utilizando diferentes adverbios. En la página 305 del manual *¡Vía libre!,* encontrarán información sobre los diferentes tipos de adverbios.

Visite Kids' Place de *Houghton Mifflin English:* www.eduplace.com/kids/hme/ Presione el "mouse" sobre el botón *Lenguaje.*

Carta al hogar

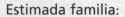

Unidad 7   Adverbios, preposiciones y conjunciones

Estimada familia:

Nuestra clase está lista para continuar una unidad de gramática sobre las preposiciones. Los niños aprenderán a ampliar leyendas de ilustraciones usando frases preposicionales. Ellos aplicarán lo que han aprendido en clase acerca de las preposiciones para ampliar oraciones y hacerlas más claras.

Aquí encontrará una manera fácil de ayudar a su niño(a) a practicar lo que ha aprendido sobre las frases preposicionales.

¡Muchísimas gracias por su ayuda!

Tarea

Pida a su niño que complete el siguiente ejercicio y lo traiga consigo a clase.

Agrega una frase preposicional a cada oración.

> para sacar   según dijo   Desde el principio
> por haber estudiado   Ante la duda

Ejemplo: ___Ante la duda,___ infórmate mejor y después decide.

1. _____ sabíamos que no lo lograría.

2. No pasó el examen _____ poco.

3. Es poco aplicado, _____ el maestro.

4. Debe estudiar más _____ buena calificación.

Consejo para la lectura

Lea el diálogo de una fábula. Pida a su niño que analice con atención cómo los autores utilizan las frases preposicionales en sus obras para hacerlas más detalladas e interesantes.

Actividad

Escribir calces para las fotos Después de leer juntos la página 306 del manual ¡Vía libre!, disfrutarán escribiendo calces para las fotos de la familia. Sugiera a su niño que emplee frases preposicionales y que escriba una lista con las preposiciones usadas. Ayúdelo a identificar las fotos que no conozca.

 Visite Kids' Place de *Houghton Mifflin English:* www.eduplace.com/kids/hme/ Presione el "mouse" sobre el botón *Lenguaje.*

Carta al hogar

Unidad 8   Narración personal

Estimada familia:

Nuestra clase está lista para comenzar una unidad de escritura sobre narraciones personales. Los niños aprenderán a comentar las características de una narración personal bien escrita. Ellos aplicarán los conocimientos adquiridos sobre escritura para analizar y discutir las diferentes instrucciones que deben seguir al escribir una narración personal. También aplicarán estos conocimientos cuando escriban sus primeros borradores.

Aquí encontrará una manera fácil de ayudar a su niño(a) a practicar lo que ha aprendido sobre narraciones personales.

¡Muchísimas gracias por su ayuda!

Tarea

Pida a su niño que complete el siguiente ejercicio y lo traiga consigo a clase.

Indica si son verdaderas (V) o falsas (F) las características de la narración.

Ejemplo: Nunca debes usar el pronombre *yo.* F

1. Cuenta los sucesos en orden.   ____

2. Escribe un comienzo poco interesante.   ____

3. El final debe contar cómo te sentiste o cómo terminó el cuento.   ____

4. Nunca incluyas diálogos.   ____

Consejo para la lectura

Pida a su niño que analice con atención cómo los autores utilizan todas las características que debe tener una narración personal para escribirla correctamente.

Actividad

Votar por la mejor oración
Piensen en oraciones que podrían ser el comienzo de una narración personal. Anime a su niño a escribirlas. Por votación, elijan la que sea más interesante y la que mejor presente el tema. Pueden invitar a más miembros de la familia para que participen en la votación. Lean juntos la página 58 del manual ¡*Vía libre!*

Visite Kids' Place de *Houghton Mifflin English:* www.eduplace.com/kids/ hme/ Presione el "mouse" sobre el botón *Lenguaje.*

Carta al hogar

Estimada familia:

Nuestra clase ha estado estudiando las narraciones personales. Los niños ya conocen los elementos que caracterizan una narración personal. Ahora aprenderán a evaluar sus propias narraciones personales usando criterios de evaluación. Ellos aplicarán lo que han aprendido en clase sobre este tema para mejorar sus escritos y determinar qué partes de su narración están mejores y cuáles requieren más trabajo.

Aquí encontrará una manera fácil de ayudar a su niño(a) a practicar lo que ha aprendido sobre cómo evaluar una narración personal.

¡Muchísimas gracias por su ayuda!

Tarea

Pida a su niño que complete el siguiente ejercicio y lo traiga consigo a clase.

Evalúa los siguientes finales según estas calificaciones: 4–muy bueno; 3–bueno; 2–necesita más detalles.

Ejemplo: Cuando pesqué ese pez tan grande, me sentí bien.   2; *Necesita más detalles.*

1. Cuando sentí que el carrete giraba a toda velocidad, comprendí que había ensartado un pez enorme. La emoción no me dejaba respirar cuando lo saqué del agua. Fue uno de los días más hermosos de mi vida.

   _____

2. Cuando enganché aquel enorme pez, tuve que hacer un gran esfuerzo para sacarlo del agua. Era un hermoso animal.

   _____

Consejo para la lectura

Pida a su niño que analice y compare las narraciones personales de dos autores, tomando en cuenta los criterios de evaluación. ¿Cuál aplicó mejor las características de una buena narración personal?

Actividad

Crear una clave de evaluación Después de leer juntos las páginas 96 a 99 del manual *¡Vía libre!*, disfrutarán proponiendo una clave para evaluar una narración personal. Sugiera a su niño que seleccione al menos 5 aspectos a evaluar y los analice de acuerdo a su importancia. Pueden crear una escala de evaluación en base a 10 puntos.

 Visite Kids' Place de *Houghton Mifflin English:* www.eduplace.com/kids/hme/ Presione el "mouse" sobre el botón *Lenguaje.*

Carta al hogar

Unidad 9   Instrucciones

Estimada familia:

Nuestra clase está lista para continuar una unidad de escritura sobre las instrucciones. Los niños aprenderán a comentar las características de unas instrucciones bien escritas. Ellos aplicarán lo que han aprendido en clase sobre este tema para escribir unas buenas instrucciones, teniendo en cuenta los criterios que rigen este tipo de escritura.

Aquí encontrará una manera fácil de ayudar a su niño(a) a practicar lo que ha aprendido sobre unas instrucciones bien escritas.

¡Muchísimas gracias por su ayuda!

Tarea

Pida a su niño que complete el siguiente ejercicio y lo traiga consigo a clase

Indica si son verdaderas (V) o falsas (F) las características de las instrucciones.

Ejemplo: La oración final no tiene relación con las anteriores.   *F*

1. Incluye detalles exactos que aclaren cada paso.   ____

2. Escribe los pasos en cualquier orden.   ____

3. Haz una lista con todos los materiales necesarios.   ____

4. Comienza exponiendo la idea principal.   ____

Consejo para la lectura

Pida a su niño que escoja una receta de un libro de cocina y juntos analicen cómo el autor aplica las características de cómo escribir buenas instrucciones para guiar claramente al lector.

Actividad

Encuentra el mensaje oculto Puede resultar divertido encontrar un mensaje oculto en la casa. Pida a su niño que escriba un mensaje y lo esconda. Anímelo a escribir instrucciones claras para que usted pueda encontrarlo. Antes, pueden leer juntos las páginas 133 a 135 del manual *¡Vía libre!* para obtener sugerencias de cómo redactar las instrucciones.

Visite Kids' Place de *Houghton Mifflin English:* www.eduplace.com/kids/ hme/ Presione el "mouse" sobre el botón *Lenguaje.*

Carta al hogar

Unidad 9   Instrucciones

Estimada familia:

   Nuestra clase está lista para continuar la unidad sobre cómo evaluar instrucciones. Los niños aprenderán a evaluar sus instrucciones usando un criterio de evaluación. Ellos aplicarán lo que han aprendido en clase sobre este tema para determinar qué hicieron bien y qué podrían mejorar en sus escritos.

   Aquí encontrará una manera fácil de ayudar a su niño(a) a practicar lo que ha aprendido sobre las instrucciones.

¡Muchísimas gracias por su ayuda!

Tarea

Pida a su niño que complete el siguiente ejercicio y lo traiga consigo a clase.

Evalúa las siguientes oraciones según estas calificaciones: 4–muy buena; 3–buena; 2–necesita presentar el tema de una manera interesante.

   Ejemplo: Preparen todo para ir a la playa. ___2___

1. El domingo disfrutaremos de un fabuloso día en la playa. ¿Sabes cómo?

   _____

2. El domingo competiremos.

   _____

3. ¿Te gustaría jugar baloncesto en nuestro equipo? Fíjate qué debes hacer para solicitar tu participación.

   _____

Consejo para la lectura

   Pida a su niño que analice y compare las instrucciones escritas por dos autores. Según su criterio de evaluación, ¿cuáles instrucciones son las más claras e interesantes?

Actividad

Hacer un postre para la cena Después de leer juntos las páginas 130 y 131 del manual *¡Vía libre!,* podría ser divertido escribir las instrucciones para hacer un postre para la cena del domingo. Oriente a su niño en cuanto a los ingredientes necesarios y la forma de elaborarlo. Sería interesante llevarlo a la práctica juntos para ver si las instrucciones indican claramente cada paso.

Visite Kids' Place de *Houghton Mifflin English:* www.eduplace.com/kids/hme/ Presione el "mouse" sobre el botón *Lenguaje.*

Carta al hogar

Unidad 10   Ensayo de opinión

Estimada familia:

Nuestra clase continúa estudiando cómo escribir un buen ensayo de opinión. En estas páginas los niños aprenderán a comentar las características de un ensayo de opinión bien escrito. Ellos aplicarán lo que han aprendido en clase sobre este tema para analizar y debatir las normas que caracterizan un ensayo de opinión.

Aquí encontrará una manera fácil de ayudar a su niño(a) a practicar lo que ha aprendido sobre los ensayos de opinión.

¡Muchísimas gracias por su ayuda!

Tarea

Pida a su niño que complete el siguiente ejercicio y lo traiga consigo a clase.

Haz un círculo alrededor de la característica que corresponda a un ensayo de opinión.

Ejemplo: (A) Incluye razones fuertes para sustentar tu opinión.

B: Las razones no sustentan muy bien una opinión.

1. A. Presenta el tema en la introducción.

   B. Presenta el tema en la conclusión.

2. A. Resume los detalles menos importantes en la conclusión.

   B. Resume los puntos importantes en la conclusión.

3. A. Escribe de forma que te suene bien a ti.

   B. Expresa la opinión de otras personas.

Consejo para la lectura

Lea las cartas al editor en la página editorial de un periódico con su niño y pídale que preste atención a cómo los autores aplican las características de un ensayo de opinión para expresar y sustentar sus ideas.

Actividad

Nuestro vecindario
Después de consultar juntos la página 61 del manual *¡Vía libre!*, pregunte a su niño qué mejoramientos se podrían hacer en su vecindario y por qué. Sugiérale que escriba sus razones en una hoja de papel y juntos redacten una carta al director del periódico.

Visite Kids' Place de *Houghton Mifflin English:* www.eduplace.com/kids/ hme/ Presione el "mouse" sobre el botón *Lenguaje.*

Carta al hogar

Unidad 10   Ensayo de opinión

Estimada familia:

Nuestra clase ha estado estudiando los ensayos de opinión. Los niños ya conocen las características de un ensayo de opinión bien escrito, y ya han escrito sus primeros borradores. Ahora aprenderán a evaluar su ensayo de opinión usando criterios de evaluación. Ellos aplicarán lo que han aprendido en clase sobre este tema para determinar cuáles fueron los puntos de sus ensayos, y cómo mejorarlos.

Aquí encontrará una manera fácil de ayudar a su niño(a) a practicar lo que ha aprendido sobre los ensayos de opinión.

¡Muchísimas gracias por su ayuda!

Tarea

Pida a su niño que complete el siguiente ejercicio y lo traiga consigo a clase.

Evalúa sobre 4, 3, 2, ó 1, el cumplimiento de las normas.

Ejemplo: En mi ensayo la introducción y la conclusión son interesantes, pero deben ser más fuertes.   *3*

1. Algunos errores afectan la comprensión de mi ensayo.   ____

2. Usé palabras y oraciones variadas. No hay errores.   ____

3. No argumenta la opinión sobre el tema, y los errores impiden su comprensión.   ____

Consejo para la lectura

Pida a su niño que compare dos ensayos de opinión de diferentes autores y compruebe, al evaluarlos, cómo ellos aplican las características de un ensayo de opinión bien escrito.

Actividad

Más razones para opinar
Piensen en diferentes temas de interés (un equipo de pelota o de fútbol preferido, una película, una noticia interesante) y escojan el que más les guste. Resultará entretenido que su niño escriba un ensayo de opinión sobre este tema y que lo evalúe luego tomando en cuenta los criterios de evaluación. Podrán referirse a las páginas 62 y 63 del manual *¡Vía libre!* para encontrar más consejos.

Visite Kids' Place de *Houghton Mifflin English:* www.eduplace.com/kids/hme/ Presione el "mouse" sobre el botón *Lenguaje.*